HORST KREUSSLER

Der allgemeine Gleichheitssatz als Schranke
für den Subventionsgesetzgeber unter besonderer Berücksichtigung
von wirtschaftspolitischen Differenzierungszielen

Schriften zum Öffentlichen Recht

Band 205

Der allgemeine Gleichheitssatz als Schranke für den Subventionsgesetzgeber unter besonderer Berücksichtigung von wirtschaftspolitischen Differenzierungszielen

Von

Dr. jur. Horst Kreussler

Diplom-Volkswirt

DUNCKER & HUMBLOT / BERLIN

Alle Rechte vorbehalten
© 1972 Duncker & Humblot, Berlin 41
Gedruckt 1972 bei Buchdruckerei Bruno Luck, Berlin 65
Printed in Germany
ISBN 3 428 02850 3

Vorwort

Die vorliegende Arbeit entspricht im wesentlichen der Dissertation des Verfassers, die im Juli 1972 von der rechtswissenschaftlichen Fakultät der Universität Kiel angenommen wurde.

Durch Ergänzungen wurde die Arbeit auf den Stand von etwa Juni 1972 gebracht.

Ich widme dieses Buch meinen lieben Eltern.

Hamburg, im Herbst 1972

Horst Kreussler

Inhaltsverzeichnis

A. **Einleitung** 11
   I. Recht und Wirtschaft 11
  II. Bedeutung des Themas 13
 III. Gang der Arbeit 14

B. **Subventionen und andere staatliche Leistungen** 15
   I. Subventionen 15
     1. Direkte Subventionen 15
       a) Begriffsdefinition 15
       b) Statistische Bedeutung 16
       c) Subventionsgesetze 17
          aa) Steinkohlenbergbau 18
          bb) Regionale Wirtschaftsförderung 19
     2. Indirekte Subventionen 19
       a) Steuervergünstigungen 20
       b) Öffentliche Aufträge 20
  II. Sozialpolitische Leistungen 21
 III. Sonstige Leistungen 22

C. **Ziele der Wirtschaftspolitik** 24
   I. Allgemeines 24
     1. Zielarten 24
     2. Die Kompatibilität wirtschaftspolitischer Ziele 25
     3. Der Beitrag der theoretischen Wirtschaftspolitik zur Zieldetermination 27
  II. Oberziele der Wirtschaftspolitik 29
     1. „Magische" Vielecke 29
       a) Rechtsnormen 29
       b) Systematisierung 30
     2. Der Volkswohlstand als oberstes Ziel der Wirtschaftspolitik ... 31
     3. Gesellschaftspolitische Grundziele 33

D. **Der allgemeine Gleichheitssatz als äußerste Schranke für den Gesetzgeber** 34
   I. Art. 3 I GG als Schranke für den allgemeinen Gesetzgeber 34
     1. Die Bedeutung des allgemeinen Gleichheitssatzes 34

Inhaltsverzeichnis

2. Elemente der Gleichheitsprüfung	36
3. Der allgemeine Gleichheitssatz als Willkürverbot	38
a) Der weite Spielraum des Gesetzgebers	39
b) Äußerst weiter Spielraum des Gesetzgebers	39
c) Erweiterung des gesetzgeberischen Spielraums	40
d) „Ermessen" des Gesetzgebers?	41
II. Der allgemeine Gleichheitssatz als Schranke für den wirtschaftslenkenden Gesetzgeber	43
III. Der allgemeine Gleichheitssatz als Schranke für den Subventionsgesetzgeber	45
IV. Analyse der einzelnen Schranken des Willkürverbots	47
1. Sachgerechtigkeit	47
a) Natur der Sache	48
b) Vernünftigkeit	50
2. Normzwecke	50
3. Gerechtigkeit	52
4. Das allgemeine Rechtsbewußtsein	53
E. Kritik und Konkretisierung des Willkürverbots	**55**
I. Kritik des Willkürverbots	55
1. Abbau der Gesetzesgläubigkeit	55
2. Das richterliche Prüfungsrecht	56
3. Subsumtionsfähigkeit des Gleichheitssatzes	58
4. Subjektivität des Willkürverbots	59
II. Konkretisierungsversuche	61
1. Gleichheit als aequitas und égalité	61
a) Gleichheit als aequitas	61
b) Gleichheit als égalité	62
2. Chancengleichheit	63
3. Präzisierung der Sachgerechtigkeits-Schranke	65
a) Maßstab der positiven Rechtsordnung	65
b) Beispiele aus der Verfassungsrechtsprechung	69
F. Engere Bindung des Subventionsgesetzgebers durch den allgemeinen Gleichheitssatz	**72**
I. Argumente für die Anlegung strengerer Maßstäbe an Differenzierungsziele	72
1. Der typischerweise differenzierende Charakter von Subventionen	72
2. Umgehungsmöglichkeiten für den Gesetzgeber	73
3. Der Eingriffscharakter der Subventionen	74
4. Die nachlassende Qualität der Gesetze	75
a) Gesetzesinflation	75
b) Der Einfluß der Verbände	77

5. Ökonomische Bedenken gegenüber Subventionen 79
   a) Volkswirtschaftliche Nachteile 80
      aa) Wettbewerbs- und Wachstumsbeeinträchtigung 80
      bb) Ordnungspolitische Bedenken 80
      cc) Regressionseffekt 80
      dd) Beharrungs- und Ausbreitungstendenz 81
      ee) Punktuelle Gefälligkeitssubventionen 81
      ff) Finanzpolitische Belastung 82
      gg) Unkontrollierbarkeit der Nebenwirkungen 82
   b) Folgerungen für eine rationale Subventionspolitik 82
      aa) Grundsätzlicher Ausnahmecharakter 82
      bb) Grundsätzliche Ablehnung von Erhaltungssubventionen 83
      cc) Vermeidung von Konjunktur-, Überbrückungs- und Stillegungssubventionen 83
      dd) Präferenz für direkte Subventionen 84
      ee) Befristung und Degression 84
      ff) Überwiegen volkswirtschaftlicher Vorteile 84

II. Unterschranken des Gleichheitssatzes 86
  1. Konkretisierungen des allgemeinen Gleichheitssatzes durch die (Wirtschafts-)Verfassung 87
     a) Grundrechte 87
     b) Verhältnismäßigkeitsprinzip 88
        aa) Grundsatz der Geeignetheit 89
        bb) Grundsatz der Erforderlichkeit 90
        cc) Grundsatz der Angemessenheit 90
     c) Sozialstaatsprinzip 91
  2. Systemgerechtigkeit 94
     a) Rechtsprechung zur Systemgerechtigkeit 94
     b) Literatur zur Systemgerechtigkeit und Kritik 97
  3. Wirtschaftspolitische Oberziele 100
     a) Ziele des Grundgesetzes 100
     b) Ziele des Bundesrechts als Schranken für den Landesgesetzgeber 101
     c) Ziele des inter- und supranationalen Rechts 101

Schluß 103

Zusammenfassung 106

Summary 109

Résumé 110

Literaturverzeichnis 111

Namenregister 125

Sachregister 126

„Die Angst vor der Gleichheit prägt die Interpretation dieses Grundrechts bis zum heutigen Tag. Ein von der Verfassung schrankenlos gewährleistetes Menschenrecht ist in Rechtsprechung und Schrifttum so entschärft worden, daß nur bei äußerster Willkür eine Verletzung dieses Grundrechts angenommen wird[1]."

„Aufgabe des Juristen ist es, darüber zu wachen, daß die Wirtschaftspolitik die vom Grundgesetz und von einfachen Gesetzen errichteten Schranken einhält[2]."

A. Einleitung

I. Recht und Wirtschaft

Das Thema der Arbeit gehört zum Bereich des öffentlichen Wirtschaftsrechts[3]. Die folgenden Erörterungen beschäftigen sich nur am Rande mit dem Wirtschaftsverwaltungsrecht (speziell Subventionsrecht), um so mehr mit dem eng damit verbundenen[4] Wirtschaftsverfassungsrecht.

Das öffentliche Wirtschaftsrecht hat sich, von frühen Ansätzen abgesehen[5], erst seit der Zeit des Ersten Weltkrieges entwickelt. Daher ist das Recht der Leistungsverwaltung noch zu lösende Aufgabe der gegenwärtigen Verwaltungsrechtswissenschaft[6], und das gilt entsprechend für das Wirtschaftsverfassungsrecht.

In dieses weithin noch ungebahnte Gelände, in dem es sowohl an gesetzgeberischer Konzeption als auch an wissenschaftlicher Durchdringung mangelt[7] — von einzelnen Vorstößen wie der Frage der Gesetzmäßigkeit von Subventionen abgesehen — führt der vorliegende Versuch. Insbesondere der hier interessierende Grenzbereich zwischen Verfassungsrecht und Volkswirtschaft ist noch wenig erforscht. Die Gründe liegen, schlagwortartig formuliert, in der Rechtsfremdheit der Wirtschaft und in der Wirtschaftsfremdheit des Rechts, genauer der

---

[1] *Scholler* S. 5.
[2] *G. Rinck* S. 39.
[3] Vgl. Definition BVerfGE 8, 143, 149.
[4] *Huber* I S. 12, vgl. S. 18.
[5] Vgl. ebenda S. 5 f.
[6] *Wolff* III S. 123; vgl. *Ballerstedt*, Wesen S. 383 f.
[7] *Wolff* III S. 127.

Juristen[8]. Für die Wirtschaftsfremdheit der Jurisprudenz seien nur zwei Symptome genannt, zum einen die auffallend geringe Zahl von Belegstellen, die man in vielen einschlägigen juristischen Büchern unter dem Stichwort „Wirtschaft" finden kann. Zum anderen fällt auf, wie selten das Bundesverfassungsgericht in seinen mit wirtschaftlichen Sachverhalten befaßten Entscheidungen auf Gutachten wirtschaftswissenschaftlicher Sachverständiger zurückgreift, wie wenig empirisch-statistisches Material herangezogen wird („iudex non calculat"?)[9]. Zwar ist es übertrieben, von Hilflosigkeit der Jurisprudenz gegenüber der Wirtschaftspolitik und ihren neuen Instrumenten wie Subventionen zu sprechen[10], aber die Kritik eines insgesamt noch zu geringen wirtschaftlichen Verständnisses kann der öffentlich-rechtlichen Rechtsprechung und Theorie nicht erspart werden[11].

So wurde dem Wirtschaftsrecht eine im wesentlichen dienende Rolle gegenüber seinem Gegenstand Wirtschaft zugewiesen: Wirtschaftsrecht als Instrument der Wirtschaftspolitik[12], d. h. nicht weit entfernt von der materialistischen These, die ökonomischen Verhältnisse („Basis") brächten das erforderliche Recht („Überbau") hervor[13]. Diese einseitige und verständlicherweise auch von der Wirtschaftswissenschaft akzeptierte Betrachtungsweise[14] vernachlässigt die andere Seite des vielmehr interdependenten Verhältnisses von Recht und Wirtschaft[15]: die normsetzende, eingrenzende, kontrollierende Funktion des Rechts gegenüber der Wirtschaft im allgemeinen und im besonderen die Funktion des Verfassungsrechts als Beschränkung der Staatsmacht[16], hier der Subventionsgesetzgebung. Diese normative Funktion des Rechts[17] zeigt sich darin, daß das Recht nicht bloße „Formen" für beliebige Inhalte zur

---

[8] Vgl. *Henke* ZZP 80, S. 9 (die Unlust der Hochschulliteratur, sich mit Fragen der Wirtschaft zu beschäftigen, als Symptom für die noch nicht überwundene Begriffsjurisprudenz); vgl. auch *Th. Raiser* S. 33 f.

[9] Die Rechtstatsachenforschung wird überhaupt sehr zurückhaltend betrieben, ebenda S. 9, 13 f.

[10] So aber *Fröhler* S. 109; vgl. *Wiethölter*, Position S. 47.

[11] *Fröhler* S. 170; vgl. *R. Schmidt*, Wirtschaftspolitik S. 259 (Unsicherheit der Juristen).

[12] *Fröhler* S. 1, passim; *G. Rinck* S. 10.

[13] *Marx* S. LV; vgl. *Ballerstedt*, Verhältnis S. 31 f.; *Radbruch*, Vorschule S. 13; *Bloch* S. 106 (die wirkliche Rechtsgeschichte primär auf die Ökonomie bezogen); — später wurde die Überbauthese modifiziert, vgl. *Th. Raiser* S. 40 f.; zur Kritik an der Überbauthese vgl. *del Vecchio* S. 130 f. und *Coing* S. 155 ff.

[14] In nationalökonomischer Sicht ist das Recht „Datum" der Wirtschaftsordnung und die Rechtswissenschaft eine ökonomische Hilfsdisziplin.

[15] Wechselwirkung, vgl. *Coing* S. 248 f.

[16] *Ehmke*, Grenzen S. 88; *Link* DVBl. 1972, S. 69 r. Sp. (zit. Häberle Leits. Nr. 9).

[17] Vgl. *Henkel* S. 87, 89; *Coing* S. 268; vgl. *Forsthoff*, Verwaltungsrecht S. 40.

Verfügung stellt — sonst wäre die Rechtswissenschaft freilich eine „ancilla legislatoris" — sondern seinem Wesen entsprechend autonome Normen vorschreibt.

II. Bedeutung des Themas

Wieweit die Wirtschaftspolitik verfassungsrechtlichen Bindungen unterliegt, soll hier an einem verhältnismäßig eng begrenzten Problemausschnitt gezeigt werden: der allgemeine Gleichheitssatz (Art. 3 Abs. 1 GG) als Schranke für die Subventionsgesetzgebung.

Eine Erörterung des Gleichheitssatzes ist aktuell, weil der Gleichheitssatz im Rechtsdenken des Volkes zunehmend an Bedeutung gewinnt. Das hängt vor allem damit zusammen, daß der moderne Staat der Daseinsvorsorge umfassender als je zuvor den einzelnen und seine Interessen berührt, so daß die Zahl der Möglichkeiten, ungleich behandelt zu werden, ins Unermeßliche wächst[18]. Es mag auch sein, daß Tocquevilles Beobachtung zutrifft, daß mit zunehmender Gleichheit die Gleichheitsforderungen wachsen[19]; dagegen ließe sich die Hypothese einwenden, daß der Bedarf an Egalisierung mit steigender ökonomischer Prosperität eingeholt werde[20]. Es kann hier offen bleiben, ob die Tendenz in Zukunft auf ein zunehmendes Verlangen nach Gleichheit geht[21]; Tatsache ist, daß die gegenwärtige „erfreuliche Entwicklung des Rechtsgefühls, der Empfindlichkeit für Unrecht"[22], dieses „besonders im deutschen Volk ausgeprägte Verlangen nach Gleichheit"[23] in Verbindung mit dem Ausbau des Rechtsschutzes[24] dazu geführt hat, daß in kaum einer Verfassungsbeschwerde die Rüge einer Verletzung des Gleichheitssatzes fehlt[25] und daher kaum eine andere Norm des Grundgesetzes das Bundesverfassungsgericht so häufig beschäftigt hat wie der Gleichheitssatz[26]. Damit ergibt sich, daß der allgemeine Gleichheitssatz von erheblicher aktueller Bedeutung ist[27].

---
[18] *Geiger*, Gleichheitssatz S. 167.
[19] *Tocqueville* III S. 278 — Der empirische Nachweis steht noch aus. Vgl. auch *Dahrendorf*, Demokratie ohne Freiheit S. 327 (wachsende Angleichung des sozialen Status, von der rechtlichen über die politische zur sozialen Gleichheit).
[20] *Zacher*, AöR 93, S. 360 — Aber aus psychologischen Gründen fraglich („Gleichheitskomplex", vgl. *Fuss*, JZ 1962, S. 600 r. Sp., Fußn. 58).
[21] *Dahrendorf*, Reflexionen S. 385; vgl. bejahend *Hesse* AöR 77, S. 171; *Schramm* S. 72 f. (Tendenz zu fortschreitender Gleichheit).
[22] *Geiger*, Gleichheitssatz S. 168.
[23] *Scheuner*, DÖV 1960, S. 607; *Rüfner*, Formen S. 223.
[24] Verfassungsbeschwerde und Normenkontrollverfahren, *Geiger*, Gleichheitssatz S. 181.
[25] *Klein* S. VIII; *Bachof*, Rspr. I, S. 17, 129.
[26] *Forsthoff*, Staat S. 135; vgl. *Scholler* S. 5; vgl. Übersichten bei *Leibholz-Rinck* I C, Rd.Nr. 9 ff. zu Art. 3 und B 4 e (S. 162 ff.) *Hamann-Lenz* zu Art. 3.

Die Schrankenfunktion des Gleichheitssatzes gerade für den Gesetzgeber wird deshalb zum Thema genommen, weil der moderne „Wohlfahrtsstaat" nach Scheuner mehr Gesetzgebungs- als Verwaltungsstaat ist und daher die Problematik der Legislative allgemein bedeutsamer wird[28], zum anderen weil eine Grundrechtsverletzung des Gesetzgebers viel weiterreichende Folgen als eine Grundrechtsverletzung der Verwaltung im Einzelfall hat[29]; ähnliches gilt für die rechtsprechende Gewalt.

Die Wahl der Subventionsgesetzgebung läßt sich mit der außerordentlich großen Bedeutung der Subventionen in der deutschen Wirtschaftspolitik seit der Nachkriegszeit begründen, in der kaum ein Wirtschaftszweig nicht subventioniert wurde[30]: Das Subventionsthema ist in wirtschaftswissenschaftlicher wie in juristischer Hinsicht nach wie vor aktuell[31].

III. Gang der Arbeit

Zunächst soll in den folgenden Kapiteln B und C ein knapper, mehr empirisch gehaltener Überblick über Subventionen und über die Ziele der Wirtschaftspolitik gegeben werden, um eine gesicherte Grundlage für die späteren verfassungstheoretischen Hauptkapitel zu gewinnen.

Im anschließenden Kapitel D werden die einzelnen Elemente der herrschenden Willkürverbotstheorie aus der vollständig ausgewerteten Rechtsprechung des Bundesverfassungsgerichts sowie aus der Literatur analysiert und systematisch beschrieben. In Kapitel E folgt die zusammenfassende kritische Würdigung der Willkürverbotstheorie, in die zunehmend eigene Überlegungen einfließen, und die — vom Allgemeinen zum Besonderen hin aufgebaute — Arbeit mündet im Schwerpunkt-Kapitel F in die Erörterung zusätzlicher, von der herrschenden Meinung nicht genügend beachteter Schranken des allgemeinen Gleichheitssatzes, die mit verfassungsrechtlichen und wirtschaftswissenschaftlichen Argumenten begründet werden.

---

[27] So auch *v. Mangoldt-Klein* S. 195 (Nr. 6 zu Art. 3); ähnlich *Bachof*, Rspr. II S. 75.
[28] *Scheuner*, DÖV 1960 S. 605 r. Sp.
[29] Vgl. *Scholler* S. 59 — Die Problematik der Verwaltung im Verhältnis zum allgemeinen Gleichheitssatz wird hier ausgeklammert.
[30] *Rüfner*, Formen S. 197.
[31] Vgl. *Andel* S. 2.

B. Subventionen und andere staatliche Leistungen

I. Subventionen

1. Direkte Subventionen

a) Begriffsdefinition

Die engere Definition des Subventionsbegriffs umschließt in Anlehnung an eine verbreitete wirtschaftswissenschaftliche Definition[1] direkte Zuwendungen der öffentlichen Hand nur an Unternehmer[2]. Die Rechtswissenschaft ist jedoch an eine ökonomische Definition nicht gebunden, sondern kann je nach Zweckmäßigkeit auch einen weiteren Begriff gebrauchen, wie etwa das Bundesverwaltungsgericht, wenn es die Subvention als öffentlich-rechtliche Leistung des Staates definierte, die zur Erreichung eines im öffentlichen Interesse gelegenen Zwecks gewährt werde[3]. Gemeinsam ist allen Subventionen das Zweckmoment, d. h. ein partiell synallagmatischer Charakter, wie er in der englischen Bezeichnung „conditional grants"[4] zum Ausdruck kommt: Der Staat macht das private Eigeninteresse des Subventionsempfängers einem öffentlichen Interesse nutzbar[5].

Unerheblich ist in diesem Zusammenhang, wie stark der Subventionsgeber (Subvenient) diese Zweckbindung oder „Finalität"[6] verwaltungsrechtlich sanktioniert (Bedingung, Auflage, Widerrufsvorbehalt)[7]. Der

---

[1] Vgl. *Meinhold,* Subventionen S. 237 ff.; *Schmölders* S. 232; *Albers* Sp. 415.
[2] z. B. *Wolff* III S. 215.
[3] BVerwG NJW 1959, S. 1098 r. Sp.; dazu *Mühl,* Wirtschaftsrecht S. 173 (eine genauere Definition war nicht Sache des Revisionsgerichts); ähnlich *Fröhler* S. 115 f.; *Ipsen* VVDStRL 25, S. 62, 304, Leitsatz 2; zuletzt auch § 12 StabilitätsG, dazu 23. Subventionsbericht v. 23. 12. 1971, BT-Drucks. VI/2994, S. 25 (einschließlich Zuwendungen an Haushalte); vgl. *A. Möller* S. 183 (Nr. 5, 6 zu § 12); vgl. im französischen Recht *Boulouis* S. 892 (Nr. 1): „... les subventions publiques qui consistent des sommes d'argent attribuées par des collectivités publiques à des personnes privées, physiques ou morales, pour susciter, encourager ou soutenir leurs initiatives dans des domaines d'intérêt général."
[4] Vgl. *Meinhold,* Subventionen S. 238 r. Sp.
[5] Vgl. *Fröhler* S. 114.
[6] *Huber* II S. 199; vgl. *Fröhler* S. 113.
[7] *Ipsen,* Öffentliche Subventionierung S. 59; unterschiedlicher „Auflagengrad", *Hansmeyer* S. 14.

B. Subventionen und andere staatliche Leistungen

Subventionszweck kann verschiedener Art sein, jedoch scheiden hier Subventionen aus kulturpolitischen Zwecken, Parteisubventionen[8] oder Zuwendungen an Gemeinden[9] aus; es geht hier grundsätzlich nur um Subventionen mit wirtschaftspolitischen Zwecken[10]. Dabei soll unter Wirtschaftspolitik die Gesamtheit aller Bestrebungen und Maßnahmen verstanden werden, die darauf abzielen, den Ablauf des Wirtschaftsgeschehens in einem Bereich zu ordnen oder zu beeinflussen[11].

Der Subventionsbegriff ist auch in der Rechtswissenschaft noch nicht ausdiskutiert[12], es gibt die unterschiedlichsten Begriffsschattierungen[13]. Hier soll zunächst vom weiten Subventionsbegriff (d. h. Einbeziehung der Haushalte als Subventionsempfänger) ausgegangen werden, da die verfassungsrechtliche Problematik für beide Empfängergruppen gleich ist.

Vier Rechtstypen von Subventionen lassen sich unterscheiden[14]: 1. Geldzuwendungen (verlorene Zuschüsse), 2. Kredite, 3. Gewährleistungen (vgl. § 39 BHO), 4. Realförderung.

b) Statistische Bedeutung

§ 12 Stabilitätsgesetz begründete erstmals die gesetzliche Pflicht für die Bundesregierung, alle zwei Jahre einen sogenannten Subventionsbericht vorzulegen[15]. Ziele der Subventionsberichte sind eine bessere Übersicht und Kontrolle über die Subventionen des Bundes und letztlich eine Eindämmung des Subventionswesens (§ 12 IV Stabilitätsgesetz)[16]. Wie die Subventionsberichte zeigen[17], ist man trotz einer Ab-

---

[8] *Eppe* S. 82 ff.
[9] Vgl. *Köttgen*, Wesen S. 222.
[10] Vgl. *Rüfner*, Formen S. 196; *Badura*, Wirtschaftsverfassung S. 135; *Herbert Krüger*, Allgemeine Staatslehre S. 603.
[11] *Giersch*, Allgemeine Wirtschaftspolitik S. 17.
[12] *Rüfner*, Formen S. 194 (ungeklärt); *Hansmeyer* S. 12 (Begriffswirrwarr).
[13] Vgl. *Unkelbach* S. 8 ff.; *Büssgen* S. 7 ff.; *Andel* S. 4 ff. (Grenzertrag der Diskussion über den Subventionsbegriff tendiert gegen Null).
[14] *Ipsen*, Öffentliche Subventionierung S. 55; vgl. *Forsthoff*, Verwaltungsrecht S. 95; *Wolff* III S. 215.
[15] Vorläufer waren die Finanzberichte, zuletzt vom 20. 9. 66, BT-Drucks. V/931; vgl. *A. Möller* S. 179 (Rdnr. 1 zu § 12). — Bisher drei Subventionsberichte: 1. Subventionsbericht v. 21. 12. 67, BT-Drucks. V/2423; 2. Subventionsbericht v. 16. 2. 70, BT-Drucks. VI/391; 3. Subventionsbericht v. 23. 12. 71, BT-Drucks. VI/2994.
[16] Vgl. *Stern-Münch* S. 149 (Anm. IV 3 zu § 12); *A. Möller* S. 179 (Rdnr. 1 zu § 12); BVerfGE 25, 1, 21 (nach 1. Subventionsbericht aaO., S. 11); Abbauziel auch Ziel der EWG, vgl. *Gutmann-Hochstrate-Schlüter* S. 268, Fußn. 84.
[17] Vgl. 3. Bericht aaO., S. 16 ff.

I. Subventionen

bauliste[18] von diesem letzten Ziel noch weit entfernt. Metaphern wie „Subventionslawine" oder „reißend angeschwollener Strom der Wirtschaftsförderung"[19] sind daher nicht verfehlt.

Aufschlußreich ist die Verteilung der direkten Subventionen auf einzelne Wirtschaftsbereiche[20]:

Landwirtschaft	2 924,0 Mio. DM
Gewerbe	1 241,4 Mio. DM
Verkehr	258,3 Mio. DM
Wohnungswesen	2 402,9 Mio. DM
Sparförderung	1 974,4 Mio. DM
	8 801,5 Mio. DM

Geringer sind dagegen die Subventionen der Bundesländer, z. B. von Schleswig-Holstein[21]:

Landwirtschaft	66,6 Mio. DM
Gewerbe	27,7 Mio. DM
Verkehr	8,6 Mio. DM
Wohnungswesen	8,6 Mio. DM
	111,5 Mio. DM

Wie die zukünftige Tendenz sein wird — Eindämmung oder Ausweitung[22] — ist noch offen[23]; jedenfalls gibt es eine Zunahme der Bundes- gegenüber den Ländersubventionen[24], d. h. eine der Wirkung des Gleichheitssatzes entsprechende unitarische Tendenz[25].

c) *Subventionsgesetze*

Nach der Themenstellung interessieren hier nur gesetzlich normierte Subventionen; auf die zahlreichen gesetzesfreien Subventionen kann

---

[18] Vgl. ebenda S. 25 f.
[19] Vgl. *Badura*, Wirtschaftsverfassungsrecht S. 134.
[20] Regierungsentwurf 1972, nach 3. Subventionsbericht aaO., S. 16 f.
[21] Sollansatz für 1969, nach *Zavlaris* S. 104 (nicht ganz mit entsprechenden Bundeszahlen vergleichbar). Das bedauerliche Fehlen von Landes-Subventionsberichten erschwert die Übersicht und die Beschaffung aktueller Zahlen ganz erheblich.
[22] i. S. der Ausweitungstendenz seinerzeit *Ipsen*, Subventionierung S. 14.
[23] *Rüfner*, Formen S. 194.
[24] Vgl. das Popitzsche Gesetz von der größeren Anziehungskraft des größeren Etats, *Köttgen* DVBl. 1953, S. 486 r. Sp.; *Schmölders* S. 150 ff.; diese Tendenz bedeutet auch eine Machtverschiebung zugunsten des Bundes, vgl. *Ipsen*, Subventionierung S. 49; *Zängl* S. 169; *Götz* S. 306; *Rüfner*, Formen S. 198.
[25] *Leibholz*, Gleichheit S. 178.

2 Kreussler

B. Subventionen und andere staatliche Leistungen

nicht eingegangen werden[26]. Die Subventionsgesetze entziehen sich weitgehend einer rechtlichen Systematisierung, doch zwei Typen lassen sich unterscheiden: 1. die globale Ermächtigung der Verwaltung zu Subventionen für bestimmte Zwecke, wobei die Verwaltung selbst über Zeitpunkt, Empfänger und Umfang der Subvention entscheidet[27]; 2. die spezialgesetzliche Ermächtigung mit genauer Umschreibung des Subventionsziels u. a. Voraussetzungen, z. B. in §§ 72 ff. BVFG, § 303 LAG[28].

Nachfolgend einige Beispiele für Subventionsgesetze (die auch indirekte Subventionen enthalten und damit zu diesen überleiten):

aa) Steinkohlenbergbau

(1) Gesetz zur Förderung der Rationalisierung im Steinkohlenbergbau vom 29. 7. 1963[29],

(2) Gesetz zur Förderung der Verwendung von Steinkohle in Kraftwerken vom 12. 8. 1965[30],

(3) Gesetz zur Sicherung des Steinkohleneinsatzes in der Elektrizitätswirtschaft vom 5. 9. 1966[31],

(4) Gesetz über steuerliche Maßnahmen bei der Stillegung von Steinkohlenbergwerken vom 11. 4. 1967[32],

(5) Gesetz zur Anpassung und Gesundung des deutschen Steinkohlenbergbaus vom 15. 5. 1968[33].

---

[26] Darunter auch die Subventionen der Gemeinden, vgl. *F. Möller*, passim.
[27] *Ipsen*, Subventionierung S. 37 f.
[28] Vgl. ebenda S. 42.
[29] BGBl. I, S. 549 (u. a. Stillegungsprämien, Darlehen, Bürgschaften, steuerliche Erleichterungen; — Zweck nach § 1: Verbesserung der Produktivität, Anpassung an die Absatzmöglichkeiten, Steigerung der Wettbewerbsfähigkeit). Höhe der Subventionen vgl. 3. Subventionsbericht, BT-Drucks. VI/2994, S. 70, Nr. 40.
[30] BGBl. I, S. 777 (Steuervergünstigungen).
[31] BGBl. I, S. 545 (nach § 1 Erhaltung eines angemessenen Anteils der Kohle an der Stromerzeugung, bis 1970 ca. 50 %; Heizölverwendung genehmigungspflichtig [§ 2]). Hauptziel: Sichere Energieversorgung, so der Gesetzentwurf BT-Drucks. V/679 vom 16. 6. 66, S. 5. Zur Höhe vgl. 3. Subventionsbericht aaO., S. 76, Nr. 52.
[32] BGBl. I, S. 403. Zur Höhe vgl. 3. Subventionsbericht a.a.O., S. 70, Nr. 45.
[33] BGBl. I, S. 365. Ziel nach § 1 Verringerung der Produktionskapazität und Anpassung des Absatzes an die Absatzmöglichkeiten. Mittel: Förderung der Konzentration (§§ 10 ff.), Investitionsprämien (§§ 32 ff.), Abfindungsgeld für entlassene Arbeitnehmer (§ 24). — Zur Begründung vgl. auch die Materialien: Gesetzentwurf BT-Drucks. V/2078 v. 30. 8. 67, Verhandlungsprotokolle V/131. Sitzung S. 6630 ff., 166. Sitzung S. 8685 ff. Zur Höhe vgl. 3. Subventionsbericht aaO., S. 78, Nr. 58.

I. Subventionen

bb) Regionale Wirtschaftsförderung

(1) Zweites Änderungsgesetz zum Berlinhilfegesetz vom 14. 12. 1967[34],
(2) Investitionszulagengesetz vom 18. 8. 1969[35],
(3) Gesetz über die Gemeinschaftsaufgabe „Verbesserung der regionalen Wirtschaftsstruktur" vom 6. 10. 1969[36],
(4) Zonenrandförderungsgesetz vom 5. 8. 1971[37].

2. Indirekte Subventionen

Indirekte oder auch verdeckte oder versteckte[38] Subventionen werden solche Zuwendungen des Staates an Private genannt, bei denen statt einer unmittelbaren Ausgabe eine mittelbare Leistung in Form eines Einnahmeverzichts gewährt wird — so der finanzwissenschaftliche und verfassungsrechtliche im Unterschied zum verwaltungsrechtlichen Subventionsbegriff[39]. Dagegen wird ein unmittelbarer Eingriff gegen einen Konkurrenten nicht als indirekte Subvention bezeichnet, obwohl eine solche Maßnahme im Ergebnis wie eine Subvention wirken kann[40].

Folgende Arten von indirekten Subventionen lassen sich unterscheiden:

(1) Steuervergünstigungen,
(2) Sonstige Abgabenermäßigungen wie Gebühren- und Zollerleichterungen,
(3) Verkauf von Staatseigentum unter Marktpreis, z. B. billiges Siedlungsland[41] und andere verbilligte staatliche Leistungen[42],
(4) Bevorzugung bei öffentlichen Aufträgen.

---

[34] BGBl. I, S. 1221 (Investitionskredite, Bundesgarantien, Frachthilfe, Steuervorteile).
[35] BGBl. I S. 1211 (Investitionszulagen für das Zonenrandgebiet u. a. Fördergebiete gemäß der Verordnung v. 4. 9. 69, BGBl. I, S. 1576; u. a.). Zur Höhe vgl. 3. Subventionsbericht, BT-Drucks. VI/2994, S. 90, Nr. 71.
[36] BGBl. I, S. 1861; vgl. 3. Subventionsbericht aaO., S. 88.
[37] BGBl. I, S. 1237; vgl. Gesetzentwurf BT-Drucks. VI/1548, S. 5: vor allem politische Ziele.
[38] So z. B. *A. Möller* S. 186 (Rdnr. 9 zu § 12).
[39] *Wolff* III S. 215; *Fröhler* S. 113 mwN.; vgl. *Friauf* DVBl. 1966, S. 731 l. Sp. (drei Subventionsbegriffe, wobei Friauf mit der Rspr. den weitesten vertritt); vgl. auch *Badura*, Wirtschaftsverfassungsrecht S. 140 (die indirekten Subventionen zählen nicht zum verwaltungsrechtlichen Subventionsbegriff, da hier kein besonderes Subventionsverhältnis besteht).
[40] z. B. Steuerbefreiung für Heizöl durch § 8 II Mineralölsteuergesetz i.d.F. v. 20. 12. 63, BGBl. I, S. 1004 aufgehoben; dazu kritisch *Haller*, Steuern S. 284 (Sondersteuer zur Zurückdrängung eines Substitutionsguts ökonomisch nicht zu rechtfertigen).

Zwei der wichtigsten Arten seien kurz dargestellt.

a) Steuervergünstigungen

Wirtschaftspolitisch motivierte Steuergesetze sind nicht nur als zulässig anzusehen[43], sondern sie sind sogar zum wichtigsten Instrument der indirekten staatlichen Wirtschaftspolitik geworden[44]. Für das Jahr 1972 sieht der 3. Subventionsbericht 22,7 Mrd. DM an Steuervergünstigungen von Bund, Ländern und Gemeinden vor[45]; wegen der Berechnungsschwierigkeiten dürfte die wahre Summe erheblich höher anzusetzen sein. Nicht alle Steuerermäßigungen — es gibt eine unübersehbare Vielfalt[46] — sind echte Subventionen, dies sind nur die gezielten, speziellen Ausnahmetatbestände[47] derjenigen Steuernormen, die ein bestimmtes wirtschaftliches Verhalten hervorrufen sollen[48].

Die (wegen des Gesetzmäßigkeitsprinzips ausnahmslos auf gesetzlicher Grundlage beruhenden) Steuervergünstigungen im Einkommensteuergesetz (z. B. §§ 7 b, c), im Körperschaftssteuergesetz, im Umsatzsteuergesetz und im Gewerbesteuergesetz sind wirtschaftlich am wichtigsten. So können beispielsweise verstärkte Abschreibungsmöglichkeiten bei Investitionen im Zonenrandgebiet oder in West-Berlin beträchtliche Investitionsanreize geben[49].

Auch landesrechtliche Steuervergünstigungen sind von Bedeutung, z. B. die Grunderwerbssteuerbefreiung im sozialen Wohnungsbau[50].

b) Öffentliche Aufträge

Ein öffentlicher Auftrag wirkt dann als indirekte Subvention, wenn er einem Anbieter erteilt wird, dessen Preisangebot über dem Marktpreis liegt[51]. Eine solche „Realförderung" (s. o.) kommt häufig vor[52], da

---

[41] z. B. nach § 89 2. Wohnungsbaugesetz; vgl. BGHZ 29, 76; *Rüfner*, Formen S. 413; *Fröhler* S. 115 Fußn. 33.
[42] Vgl. Zusammenstellung bei *Büssgen*, passim.
[43] BVerfGE 13, 331, 346; 16, 147„ 161; *Friauf*, Grenzen S. 16 f.; *Paulick*, Lenkungsfunktion S. 213 ff., 228.
[44] *Scheuner* VVDStRL 11, S. 41; vgl. *R. Schmidt*, Wirtschaftspolitik S. 206 ff.
[45] BT-Drucks. VI/2994, S. 18.
[46] *Huber* II S. 264.
[47] 2. Subventionsbericht, BT-Drucks. VI/391, S. 3.
[48] DIHT S. 11; zum Begriff der Steuervergünstigung vgl. *Strickrodt* S. 21 ff.
[49] *Haller*, Finanzpolitik S. 283; die genannten regionalpolitischen Begünstigungen finden sich in allen wirtschaftslenkenden Steuergesetzen, so *Klein* S. 127.
[50] Schleswig-holsteinische Gesetze v. 28. 6. 62, GVOBl. S. 266 und vom 25. 3. 70, GVOBl. S. 86.
[51] *Semler* S. 71 (auch als Krisenhilfe, S. 69). — Auch bei der Erteilung eines Auftrags an einen Anbieter mit gleich hohem Preisangebot wie die übrigen kann eine Subventionierung vorliegen.
[52] *Schmölders* S. 217 (Stützungskäufe).

sie bei der Verwaltung ihrer Flexibilität und Unmerklichkeit wegen beliebt ist[53].

Beispiele finden sich in § 68 Bundensentschädigungsgesetz[54], § 74 BVFG[55], § 37 II Schwerbeschädigtengesetz[56], § 12 a Bundesevakuiertengesetz[57] und § 2 Zonenrandförderungsgesetz[58].

II. Sozialpolitische Leistungen

Es fragt sich, ob neben den Subventionen als wirtschaftspolitischen Transferzahlungen[59] auch sozialpolitische Transferzahlungen (sozialpolitische Leistungen) in den hier interessierenden Kreis von subventiven Staatsleistungen einzubeziehen sind. Während man früher unter Sozialpolitik eine Fürsorge- und insbesondere Arbeiterpolitik verstand, die auf Milderung der Klassengegensätze hinzielte[60], meint man damit heute alle Maßnahmen, die eine möglichst gerechte Einkommensverteilung bewirken sollen (Redistributionspolitik)[61], einschließlich der sozialen Sicherung der gesamten Bevölkerung[62], oder anders ausgedrückt, die Beteiligung möglichst breiter Schichten an der allgemeinen Wohlstandsentwicklung durch soziale Umverteilung[63]. Die Sozialpolitik bedient sich der verschiedensten Instrumente: Sozialversicherung, Lastenausgleich, Kriegsopferversorgung; Einkommens-, Preis- und Beschäftigungspolitik[64]; besonders aber finanzpolitischer Mittel[65]:

(1) Redistributive Einnahmenpolitik[66]:
z. B. Freibetrag für das Existenzminimum, Begünstigung von Sparprämien und Ausbildungskosten[67], Steuervergünstigungen für Flüchtlinge und Vertriebene[68], Erbschaftsteuer,

---

[53] *Semler* S. 71 — jedoch Korruptionsgefahr, *Rüfner*, Formen S. 205.
[54] Vom 29. 6. 56, BGBl. I, S. 562; vgl. *Blessin-Giessler* III 3 zu § 68.
[55] Vom 14. 8. 57, BGBl. I, S. 1215; — vgl. BVerwGE 7, 95.
[56] Vom 14. 8. 61, BGBl. I, S. 1234.
[57] Vom 13. 10. 61, BGBl. I, S. 1865.
[58] Vom 5. 8. 71, BGBl. I, S. 1237.
[59] Oberbegriff Transferzahlungen bei *Hansmeyer* S. 11; vgl. *Albers* Sp. 414.
[60] *von Zwiedineck-Südenhorst* S. 392 („der materiell-rechtlichen Stellung der gedrückten Klasse entgegenzuwirken", S. 398).
[61] *Haller*, Finanzpolitik S. 315 f.
[62] Vgl. *Rüfner* VVDStRL 28, S. 187 ff., 219 Leits. 2.
[63] *Forsthoff*, Staat S. 80.
[64] Beschäftigungspolitik vgl. *Fröhler* S. 91.
[65] Die Steuerpolitik eines sozialen Rechtsstaates ist stets zugleich Sozialpolitik, BVerfGE 13, 331, 346.
[66] Vgl. *Liefmann-Keil* S. 187 f.
[67] *Haller*, Finanzpolitik S. 214 ff.
[68] *Klein* S. 191.

(2) Redistributive Ausgabenpolitik[69]:
z. B. Leistungen für Flüchtlinge und Vertriebene[70], Bergmannsprämie[71], Altersgeld für Landwirte[72], Kindergeld[73].

Aus der Darstellung der sozialpolitischen Leistungen wird deutlich, daß sie zwar auch wirtschaftspolitische Nebenziele verfolgen, wie z. B. § 257 LAG, wonach volkswirtschaftlich vordringliche Subventionen vorrangig gewährt werden können, daß sie ihrer Natur nach aber primär sozialpolitische Ziele verfolgen, und daher — bei aller sachlichen Zusammengehörigkeit der „Wirtschafts- und Sozialpolitik"[74] hier ausgeklammert werden können[75].

III. Sonstige Leistungen

Weder zu den Subventionen noch zu den allgemeinen Sozialleistungen wird eine Gruppe von staatlichen Förderungsleistungen gezählt, die besonderen gesellschaftspolitischen Zielen[76] und primär einer Erhöhung der Konsumtionskraft dienen: z. B. Studenten- und Graduiertenförderung[77], Arbeitsförderung[78]; Vermögensbildung nach dem Sparprämien-

---

[69] *Haller*, Finanzpolitik S. 225 ff.

[70] z. B. schleswig-holsteinisches Flüchtlingshilfegesetz v. 4. 2. 48, GVOBl. S. 43; Bundesvertriebenengesetz n.F. v. 23. 10. 61, BGBl. I, S. 1883 (§§ 41 ff. Landwirtschaftsförderung, §§ 72 ff. Gewerbeförderung); Flüchtlingsgesetz v. 15. 7. 65, BGBl. I, S. 612

[71] Gesetz i.d.F. vom 12. 5. 69, BGBl. I, S. 434: Pro Untertagestunde 2,50 DM, Begründung: „besorgniserregende Abwanderung, Hebung der Attraktivität des Bergmannberufs" (!!), so der Gesetzentwurf vom 3. 5. 56, BT-Drucks. II/2351; zum Subventionscharakter vgl. EuGH BB 1961, S. 329 f.; ferner *Rüfner*, Formen S. 207 (der wirtschaftspolitische Zweck sei eine Stabilisierung des Kohlepreises).

[72] 4. Änderungsgesetz zum Altershilfegesetz vom 29. 7. 69, BGBl. I, S. 1017 (Ziel der Strukturverbesserung), vgl. BVerfGE 25, 314.

[73] Kindergeldgesetz vom 13. 1. 54, BGBl. I, S. 333. — Die arbeitsmarktpolitische Differenzierung nach § 10 Nr. 10 Kindergeld-Ergänzungsgesetz vom 23. 12. 55, BGBl. I, S. 841 i.V.m. Verordnungen nach § 34 III Kindergeldgesetz ist gemäß BVerfGE 23, 258, 264 verfassungsmäßig (eines der ganz seltenen Beispiele für sozialpolitische Leistungen mit wirtschaftspolitischen Differenzierungszielen; hier nur erwähnt, weil die Differenzierung keine gesetzliche ist).

[74] *Dörge* S. 41; *Klein* S. 207.

[75] So auch *Götz* S. 12 für die Sondermaterie der Vertriebenensubventionen und *Herbert Krüger*, Allgemeine Staatslehre S. 603 für den Kriegsschädenausgleich.

[76] *Wolff* III S. 223 ff.

[77] Bundesausbildungsförderungsgesetz v. 26. 8. 71, BGBl. I, S. 1409; Graduiertenförderungsgesetz v. 2. 9. 71, BGBl. I, S. 1465. — Auch BVerwGE 18, 353 zählt Stipendien nicht zu den Subventionen.

[78] Arbeitsförderungsgesetz v. 25. 6. 69, BGBl. I, S. 582.

III. Sonstige Leistungen

gesetz[79], dem VW-Privatisierungsgesetz[80] und dem 3. Vermögensbildungsgesetz[81]; Wohnungsbauförderung nach dem 2. Wohnungsbaugesetz[82], dem Wohnungsbauprämiengesetz[83] und dem Wohngeldgesetz[84].

Die Ziele der Wohnungsbaugesetze beispielsweise sind primär sozialpolitischer Natur[85], wie an §§ 1 und 26 des 2. Wohnungsbaugesetzes besonders deutlich wird (familienpolitische Priorität von Eigenheimen, von Kinderreichen; Priorität von Selbsthilfe und Wiederaufbau), wenn auch die Ziele der Beseitigung des Wohnungsmangels und der Vermögensbildung einen wirtschaftlichen Hintergrund haben, nämlich Steigerung der Produktivität durch Schaffung gesunder Wohnverhältnisse für die arbeitende Bevölkerung. Auch bei den übrigen „sonstigen Leistungen" handelt es sich um primär sozialpolitische Transferzahlungen, die nur wirtschaftliche Nebenzwecke oder Auswirkungen haben und daher hier ausgeklammert werden[86]. Damit ergibt sich, daß nur wirtschaftspolitische Subventionen und zwar, soweit ersichtlich, nur Subventionen an Unternehmer unter das Thema fallen, denn die Leistungen an Haushalte erwiesen sich durchweg als sozialpolitische oder sonstige Leistungen. Der hier benötigte Subventionsbegriff beschränkt sich also praktisch auf die obengenannte enge Definition.

Nach diesem Zwischenergebnis ist zu klären, was unter „wirtschaftspolitischen Zielen" im Thema zu verstehen ist.

---

[79] Vom 5. 5. 59, BGBl. I, S. 241.
[80] Vom 21. 7. 60, BGBl. I, S. 585.
[81] Vom 27. 6. 70, BGBl. I, S. 930.
[82] i.d.F. vom 1. 9. 65, BGBl. I, S. 1618.
[83] Vom 21. 2. 68, BGBl. I, S. 137.
[84] 2. Wohngeldgesetz v. 18. 12. 70, BGBl. I, S. 1637.
[85] Vgl. *Ipsen*, Subventionierung S. 46 (fließende Grenze zwischen Fürsorge- und Subventionspolitik).
[86] Vgl. entsprechend *Rüfner*, Formen S. 195, 408.

C. Ziele der Wirtschaftspolitik

I. Allgemeines

1. Zielarten

Man kann wirtschaftspolitische Ziele im engeren Sinne von wirtschaftspolitischen Grundsätzen unterscheiden, wenn man als Ziele die quantifizierbaren Zielgrößen wie die Höhe des Volkseinkommens bzw. Sozialprodukts, des Preisniveaus oder den Saldo der Handelsbilanz ansieht, als Grundsätze hingegen die qualitativen, ordnungspolitischen Zielvorstellungen wie Wettbewerbsfreiheit und marktwirtschaftliche Ordnung[1].

Die unbegrenzte Vielzahl[2] wirtschaftspolitischer Ziele läßt sich durch das Prinzip der Überordnung formal in zwei Kategorien einteilen: in Oberziele (Haupt-, End-, General-, originäre Ziele) und in Unterziele (Vor-, Teil-, Partialziele).

Diese terminologische Dichotomie hat auch in den juristischen Sprachgebrauch Eingang gefunden[3], zum Teil mit abweichenden Bezeichnungen wie Primär- und Endzielen[4]. Genauer ist die trichotomische Aufgliederung bei Pütz in Makro-, Meso- und Mikroziele[5], die man sich an einem Beispiel so verdeutlichen kann: Makroziel sei ein relativ stabiler Geldwert (mit der Preisniveauänderungsrate als Zielvariabler, etwa plus 2 %), Mesoziel könnte die Stabilisierung der Erzeugerpreise in der Metallindustrie und Mikroziel die Stabilisierung der Endverbraucherpreise von Personenkraftwagen sein. In diesem Zusammenhang von makroökonomischer Stabilisierungspolitik und mikroökonomischer Preispolitik zeigt sich eine kausaldeterminierte Zielkette[6], die

---

[1] Unterscheidung nach *Meinhold*, Volkswirtschaftspolitik S. 39; *Pütz*, Grundlagen S. 37, 39; *J. Werner*, Schweizerische Ztschr. f. Volkswirtschaft u. Statistik 1971 S. 366 f.

[2] *Würgler*, Schweizerische Ztschr. f. Volkswirtschaft u. Statistik 1960, S. 196 (Die Zahl findet nur eine Grenze an der Phantasie der Wirtschaftspolitiker); *Meinhold*, Volkswirtschaftspolitik S. 38; vgl. Zielaufzählung bei *Pütz*, Grundlagen, S. 40.

[3] z. B. BVerfGE 21, 150, 158 (Vor- und Fernziel).

[4] *F. Möller* S. 58 ff.; *Rüfner*, Formen S. 206 (Primärziel z. B. die Ansiedlung neuer Industrien, Endziele Krisenfestigkeit der Wirtschaft und Vollbeschäftigung).

[5] *Pütz*, Grundlagen S. 64 f.

[6] *Mehler* S. 97 f.

I. Allgemeines

auch zeitlich aufgefaßt werden kann: kurz-, mittel- und langfristige Ziele[7].

Ein anderes Beispiel. Bei einem Flüchtlingsbetriebskredit[8] sei Mikroziel der Aufbau einer Existenz für Flüchtlinge, d. h. primär ein sozialpolitisches Ziel. Die Mesoziele sind wirtschaftspolitischer Natur:

(1) Erhöhung der volkswirtschaftlich nützlichen Produktion (Produktions- und Wachstumsziel),

(2) Verbesserung der Struktur der betreffenden Branche oder Region (strukturpolitisches Ziel),

(3) Schaffung neuer Arbeitsplätze (beschäftigungspolitisches Ziel),

(4) Hebung der Steuerkraft (fiskalisches Ziel).

Als Makroziele könnte man nennen:

(5) Steigerung der regionalen und volkswirtschaftlichen Wohlfahrt (wirtschaftspolitisches Oberziel),

(6) Stabilisierung der gesellschaftlichen und politischen Verhältnisse (gesellschaftspolitisches Grundziel).

Eine solche „Zielhierarchie" soll jedoch nicht den Eindruck einer Zielharmonie entstehen lassen. Da in der Praxis nicht isolierte Einzelziele, sondern komplexe Ziele[9] (Zielbündel)[10] verfolgt werden, ist die Frage ihrer Vereinbarkeit von besonderer Bedeutung.

2. Die Kompatibilität wirtschaftspolitischer Ziele

Die Vereinbarkeit gleichrangiger Ziele untereinander wird Kompatibilität genannt, die Vereinbarkeit von Zielen und Mitteln und damit von Unter- und Oberzielen — da ja ein Mittel auch als Unter- oder Zwischenziel im Verhältnis zu einem Oberziel angesehen werden kann[11] — wird Konsistenz genannt[12]. Kompatibilität ist gegeben a) bei Identität zweier Ziele, d. h. wenn nur scheinbar zwei Ziele vorliegen, z. B. Geldwertstabilität und Inflationseindämmung; b) bei Harmonie,

---

[7] Ebenda S. 84.
[8] Vgl. *Rüfner*, Formen S. 196 (Beispiel für eine zugleich sozial- als auch wirtschaftspolitische Begünstigung).
[9] *Ipsen*, Subventionierung S. 10.
[10] *Ohm* S. 57; *Meinhold*, Volkswirtschaftspolitik S. 39.
[11] *Ohm* S. 61; So ist ein kurzfristiges Ziel langfristig nur Instrument, *Liefmann-Keil* S. 5.
[12] *Pütz*, Grundlagen S. 184; oder auch Zielkonformität, *Ohm* S. 96; — Konsistenz sonst allgemein i.S. logischer Widerspruchsfreiheit, vgl. *Luhmann* S. 173, Fußn. 13; — vgl. umfassend über Zielkonflikte *Mehler* S. 130 ff., passim; empirische Untersuchungen von *Baumgarten-Mückl*, passim.

z. B. Beschäftigungs- und Wachstumsziel bei Rezession und Unterbeschäftigung[13]; c) bei Neutralität.

Inkompatibilität besteht hingegen (a) bei Zielantinomie (logischer Zielkonflikt)[14], z. B. widersprechen sich das allgemeine Stabilitätsziel und eine einkommenspolitische Erhöhung der Agrarpreise (ceteris paribus) oder die Ziele einer aufgabenbedingten Ausweitung der Staatsausgaben und der konjunktur- oder sozialpolitisch begründeten Verminderung der Steuerlast[15]; (b) bei Zielkonkurrenz[16] (quantitative Gegensätzlichkeit aufgrund des Knappheitsgesetzes), z. B. die Frage, wieviel zusätzliche Geldentwertung unter bestimmten Bedingungen in Kauf genommen werden soll, um die Arbeitslosenquote um 1 % zu senken[17]. Solche Zielkonflikte — meist vom Typ der Zielkonkurrenz — ergeben sich in der wirtschaftspolitischen Praxis häufig, einmal weil die Parteien möglichst viele Ziele in ihr Programm aufnehmen (Sonderinteressen der verschiedensten rivalisierenden Gruppen[18]), um Wählerstimmen zu maximieren, zum anderen weil es mehrere („multiple") Träger einer pluralistischen Wirtschaftspolitik gibt (Bund, Länder, Gemeinden und Gemeindeverbände; Tarifpartner und andere Verbände), die unterschiedliche Zielpräferenzen haben[19].

Erschwert wird die Erkenntnis von Zielkonflikten dadurch, daß Zielkonzepte häufig absichtlich verschwommen formuliert sind und bewußt mehr versprechen, als zu halten ist, um die öffentliche Meinung zu täuschen[20].

Um so wichtiger ist die wissenschaftliche Kompatibilitätsprüfung[21], wie sie zum Beispiel von Jochimsen und Mitarbeitern hinsichtlich der schleswig-holsteinischen Regionalpolitik vorgenommen wurde[22].

---

[13] Vgl. *Ott* S. 111.
[14] *Meinhold*, Volkswirtschaftspolitik S. 43.
[15] Vgl. *Hesse* AöR 77, S. 210 f.
[16] *Pütz*, Grundlagen S. 58 f.
[17] Vgl. Indifferenz- und Transformationskurven-Darstellung bei *Jöhr-Singer* S. 124 ff.
[18] Vgl. *Meinhold*, Volkswirtschaftspolitik S. 46 ff. (Pluralismus).
[19] *Ohm* S. 41 ff.; *Pütz*, Grundlagen S. 183, 63; vgl. *H. K. Schneider*, passim — (Koordinationsproblem).
[20] *Pütz*, Grundlagen S. 50, 184; vgl. schon *Zachau-Mengers* S. 19; *Mehler* S. 120 (113 ff.).
[21] Die Möglichkeit dazu bejaht *Eppe* S. 146.
[22] *Jochimsen-Knobloch-Treuner* S. 24 ff.: Kritisiert wird zunächst die politische Konzeptionslosigkeit, eine Addition von Wunschvorstellungen ergebe noch kein geschlossenes Konzept. Zwischen dem Ziel der aktiven Sanierung und der tatsächlichen einseitigen Förderung der ohnehin prosperierenden südlichen Landesteile bei passiver Sanierung des Nordwestens bestehe ebenso ein Widerspruch wie zwischen dem erklärten Ziel einer konzentrierten Förderung und der tatsächlichen Förderung einer Vielzahl von „Zentralen Orten".

I. Allgemeines

3. Der Beitrag der theoretischen Wirtschaftspolitik zur Zieldetermination

Angesichts der Kompliziertheit der Zielproblematik ist es bemerkenswert, daß das Bundesverfassungsgericht von der Hilfe der Wirtschaftstheorie wenig zu halten scheint, wenn es pauschal erklärt, es sei verfassungsrechtlich irrelevant, ob ein Gesetz wirtschaftspolitischen Lehrmeinungen entspreche oder nicht[23]. Für eine solche Meinung könnte sprechen, daß auch die meisten Vertreter der theoretischen Wirtschaftspolitik zumindest seit der Werturteilsdebatte (Max Weber)[24] überzeugt sind, der Nationalökonom könne als Wissenschaftler keine allgemeingültigen Werturteile fällen und daher auch nicht entscheiden oder begutachten, welche Ziele die praktische Wirtschaftspolitik verfolgen solle (philosophischer Relativismus)[25].

Auch der neuen Spezialdisziplin der normativen Wirtschaftstheorie, der Wohlfahrtsökonomik (welfare economics)[26], ist es nicht gelungen, objektive Urteile über einzelne Ziele oder Rangordnungen von Zielen abzugeben. Wenn Wissenschaftler derartige Urteile mit dem Anspruch auf „reinen Sachverstand" abgeben, so nehmen sie nur subjektiv Partei, bevorzugen nicht selten einseitig gewisse Gruppeninteressen[27] und schaden dadurch der Autorität wissenschaftlicher Gutachten allgemein. Die Subjektivität der Zielbestimmungen ist auch an der Tatsache erkennbar, daß konservative Theoretiker das Stabilitätsziel, sozial eingestellte Wissenschaftler Vollbeschäftigungs- und Verteilungsziele vorziehen[28].

Zweierlei vermag die Theorie der Wirtschaftspolitik dennoch mit einem gewissen Anspruch auf Objektivität zu leisten. Erstens: Die Abwägung zweier gegebener konkurrierender Ziele sollte nach den gesicherten, wenn auch formalen und in der praktischen Anwendung schwierigen Erkenntnissen des Zweiten Gossenschen Gesetzes geschehen, d. h. ein Ziel A sollte nur soweit verfolgt werden, bis sein Grenznutzen[29] noch nicht durch die Grenznachteile des konkurrierenden Ziels B (Alternativkosten) aufgewogen wird[30]. Oder anders ausgedrückt

---

[23] BVerfGE 7, 400; 14, 19, 23.
[24] Vgl. *Weber* S. 229 ff. (passim); *Ohm* S. 23 ff.; *Coing* S. 77. Übersicht bei *Mehler* S. 75 ff.
[25] So auch *Ott* S. 96; *Pütz*, Grundlagen S. 9, 37, 60.
[26] Vgl. *Weber-Jochimsen*, Wohlstandsökonomik S. 346 ff.; *Pütz*, Grundlagen S. 76 f.
[27] *Pütz*, Grundlagen S. 70.
[28] Ebenda S. 61 ff.; vgl. *Streissler* S. 10.
[29] Der zusätzliche Nutzen, den eine zusätzliche kleine Einheit einer Zielrealisation bewirkt.
[30] *Giersch*, Allgemeine Wirtschaftspolitik S. 23; vgl. *Willeke* S. 150 („Wertopfermaximumsregel").

in einem Beispiel: Das Ziel des Mittelstandsschutzes kann so weit auf Kosten des Wohlstands- und des Freiheitsziels verwirklicht werden, bis die Gesamteinbuße aus der teilweisen Nichtrealisierung aller Ziele am geringsten ist[31] (optimale Zielkombination).

Zum anderen vermag die theoretische Wirtschaftspolitik bei vorgegebenen Zielen die geeignetsten Mittel anzugeben (teleologische Werturteile[32])[33]. Die praktische Wirtschaftspolitik müßte die vorgeschlagene Lösung bei genügend hoher Wahrscheinlichkeit berücksichtigen, wenn sie rational[34] handeln will — daran fehlt es aber ebenso oft wie an einer vernünftigen Abstimmung der Ziele im oben angegebenen Sinn[35].

Allerdings sind einige Einschränkungen zu machen. Erstens sind die vorgegebenen Ziele oft unbestimmt (und daher unpraktikabel), da das Zielsystem elastisch sein muß[36], zweitens sind die angegebenen Mittel der Wirtschaftspolitik teleologisch betrachtet Zwischenziele, d. h. wertbehaftet wie alle Ziele[37], drittens ist es nach dem gegenwärtigen Stand der jungen Disziplin der theoretischen Wirtschaftspolitik[38] kaum möglich, genügend exakte quantitative Prognosen über die zu erwartenden Haupt- und Neben-, Nah- und Fernwirkungen bestimmter Mittel[39] und damit über die Tauglichkeit für bestimmte Ziele abzugeben. Daher ist es Aufgabe der Wirtschaftstheorie, auf diesem Gebiet Fortschritte in Richtung auf größere Praktikabilität zu machen und mit ökonometrischen Verfahren Quantenmodelle von wirtschaftspolitischen Zielen, Mitteln und Trägern zu entwickeln[40], um die Aufstellung wirtschaftspolitischer Konzeptionen (konsistenter Ziel-Mittel-Programme) zu unterstützen.

Nichtsdestoweniger ist es Sache der praktischen Wirtschaftspolitik und im Streitfall auch Sache der Rechtsprechung, die schon vorliegenden Erkenntnisse stärker zu berücksichtigen.

---

[31] *Jöhr-Singer* S. 154.
[32] *Ohm* S. 24; vgl. S. 29 ff.; vgl. *Coing* S. 80.
[33] Vgl. *Ott* S. 97.
[34] *Rationale Wirtschaftspolitik* ist planmäßig auf Verwirklichung eines umfassenden, ausgewogenen Zielsystems gerichtet, *Giersch*, Allgemeine Wirtschaftspolitik S. 22.
[35] *Pütz*, Grundlagen S. 38 f., 50; *Eppe* S. 144 f.
[36] Eine Präzisierung muß aber versucht werden, um zu klaren Aussagen zu kommen, und ist vor allem für die Anwendung der elektronischen Datenverarbeitung unerläßlich, vgl. *Steinmüller* S. 63.
[37] Vgl. *Mehler* S. 77.
[38] *Pütz*, Grundlagen S. 3 (im Grunde erst seit 1945).
[39] Ebenda S. 38; vgl. *Ohm* S. 51.
[40] *Schiller*, Wirtschaftspolitik S. 226 ff.

II. Oberziele der Wirtschaftspolitik

1. „Magische" Vielecke

a) Rechtsnormen

Die Vielzahl wirtschaftspolitischer Mikro- und Mesoziele und Grundsätze, wie sie zum Teil auch in der Rechtsprechung erscheinen[41], sind Zwischenziele im Hinblick auf die wirtschaftspolitischen Oberziele, die sich umgekehrt in Teilziele auflösen lassen: Zeichen der Interdependenz der Wirtschaft[42]. Solche Oberziele fanden sich, bevor sie im deutschen Recht positiviert wurden, schon in bedeutenden völkerrechtlichen Abkommen. So nennt die Charta der Vereinten Nationen in Art. 55 (a) als Ziele die Verbesserung des Lebensstandards, Vollbeschäftigung, wirtschaftlichen Fortschritt; das Abkommen über den Internationalen Währungsfonds[43] bezeichnet als oberste Ziele der Wirtschaftspolitik einen hohen Beschäftigungsgrad, ein hohes Realeinkommen und die Entwicklung der Produktivkraft; der EWG-Vertrag[44] nennt hohe Beschäftigung, ein stabiles Preisniveau und Gleichgewicht der Zahlungsbilanz; das OECD-Abkommen[45] zählt auf: Förderung des optimalen Wachstums der Volkswirtschaft, finanzielle Stabilität, optimale Wirtschaftsentwicklung und Beschäftigung, steigender Lebensstandard. Diese und ähnliche Oberziele werden in der Wirtschaftswissenschaft unter der Bezeichnung „magische" Drei-, Vier- und Fünfecke (Vielecke, Polygone) zusammengefaßt — magisch, weil man meinte, ihre Kompatibilität grenze an Zauberei[46].

Erstmals in einem deutschen Gesetz erschien ein magisches Viereck im Gesetz über den Sachverständigenrat zur Begutachtung der gesamt-

---

[41] z. B. Wettbewerbsgleichheit (BVerfGE 13, 237, 240; 14, 19, 23), Sicherung der Volksernährung (BVerfGE 8, 80 und 25, 1, 16), verkehrspolitische Ausgewogenheit zwischen Schiene und Straße (BVerfGE 16, 147, 161), Mittelstandsschutz wird häufig genannt, wobei offen bleibt, wer dazu gehört (BVerfGE 13, 97, 111; 16, 147, 181; 17, 232, 243; 19, 101, 114; 21, 150, 155; 21, 160, 171; 21, 292, 299; 23, 50, 61; — BVerwGE 30, 191, 193; vgl. auch *Zängl* S. 34 u. *Götz* S. 189.

[42] *Würgler*, Schweizerische Ztschr. f. Volkswirtschaft u. Statistik 1960, S. 227.

[43] BGBl. II 1252, S. 638, Art. I (ii)

[44] BGBl. II 1957, S. 766, Art. 104.

[45] BGBl. II 1961, S. 1151, Präambel und Art. 1 (a).

[46] Vgl. *Ott* S. 94; *Preiser*, Nationalökonomie S. 95, bezeichnete als magisches Dreieck der Konjunkturpolitik ein stabiles Niveau der Konsumgüterpreise, Vollbeschäftigung und eine ausgeglichene Zahlungsbilanz; ähnlich *Kirschen* S. 237 f.; ein Viereck beschreibt *Forsthoff*, Staat S. 27 (ausgeglichene Handelsbilanz, Steigerung des Sozialprodukts, Vollbeschäftigung und sozialstaatliche Umverteilung); *Pütz* nennt ein Fünfeck (am besten, da vollständig): Stabilität, Zahlungsbilanzausgleich, Vollbeschäftigung, Wachstum, Einkommensverteilung, in: Grundlagen S. 40; vgl. *Stern* DOV 1961, S. 329 l. Sp.

wirtschaftlichen Entwicklung[47]: stabiles Preisniveau, hoher Beschäftigungsstand, außenwirtschaftliches Gleichgewicht, stetiges und angemessenes Wachstum (§ 2 S. 2 und 3). Später wurde die Staatszielbestimmung[48] des gesamtwirtschaftlichen Gleichgewichts (Zusammenfassung des magischen Vierecks) in das Grundgesetz aufgenommen (Art. 109 II, IV 1; 104 a IV 1; 115 I 2 GG) und entsprechend in das Stabilitätsgesetz[49] (§ 1 S. 2, magisches Viereck wie oben).

b) Systematisierung

Die Ziele der magischen Vielecke lassen sich systematisieren und gewinnen dadurch an Aussagewert. Zum einen kann man kurz- und langfristige Ziele unterscheiden[50]: Neben den kurzfristigen Zielen des konjunkturpolitischen Dreiecks stehen die langfristigen Ziele wie Wachstum, rationaler Einsatz der Produktionsfaktoren, Befriedigung von Kollektivbedürfnissen, Verbesserung der Einkommens- und Vermögensverteilung, Strukturpolitik, Sicherstellung der Versorgung und Arbeitszeitverkürzung. Ein anderes Schema[51] unterscheidet ordnungspolitische Grundsätze wie Wettbewerb und Sozialstaatlichkeit, konjunkturpolitische Ziele und drittens strukturpolitische Ziele.

Ein drittes Schema[52] besteht aus einem produktionspolitischen Oberziel, das Vollbeschäftigung, Wachstum und Zahlungsbilanzausgleich[53] umfaßt, und aus einem abhängigen zweiten Oberziel, der gerechten Einkommensverteilung mit dem Unterziel Geldwertstabilität[54].

Auf die genannten Ziele kann hier nicht näher eingegangen werden, nur zu der letztgenannten Verteilungsgerechtigkeit zwei Bemerkungen.

Die *Verteilungsgerechtigkeit* ist nicht nur im allgemeinen ein sehr wichtiges Ziel[55], sondern auch im besonderen ein Ziel gerade von Subventionen, die als Korrekturen der marktwirtschaftlichen Einkommens-

---

[47] Vom 14. 8. 63, BGBl. I, S. 685.
[48] Scheuner, Wirtschaftslenkung S. 64.
[49] Vom 8. 6. 67, BGBl. I, S. 582.
[50] *Kirschen* S. 237 ff.
[51] *Dörge* S. 56.
[52] *J. Werner*, Schweizerische Ztschr. f. Volkswirtschaft u. Statistik 1971, S. 369, 375; vgl. *Liefmann-Keil* S. 84 f. (Wachstum und Verteilungsgerechtigkeit).
[53] (Der Zahlungsbilanzausgleich sichert die ungestörte Produktion).
[54] Zur Geldwertstabilität vgl. § 3 Bundesbankgesetz v. 26. 7. 57, BGBl. I, S. 745 (Hauptaufgabe der Bundesbank); BVerfGE 19, 119, 125 (Zweck des Kuponsteuergesetzes); vgl. *Rüfner*, Formen S. 129 (oft vernachlässigt); *J. Werner*, Schweizerische Ztschr. f. Volkswirtschaft u. Statistik S. 373.
[55] *Pütz*, Theorie S. 85; ders., Grundlagen S. 51 ff.; *Rüfner*, Formen S. 130.

verteilung durch Umleitung von Kaufkraftströmen beschrieben werden können[56].

Kein anderes Oberziel ist jedoch so vieldeutig, daher muß es näher bestimmt werden, etwa indem eine Mindestgrenze für Jahreseinkommen festgelegt wird oder, was wesentlich problematischer erscheint, eine Obergrenze[57].

Für alle Oberziele der magischen Vielecke gilt, daß Zielkonflikte entstehen können, insbesondere zwischen Stabilität und Wachstum oder zwischen Wachstum und Verteilungsgerechtigkeit[58]. Hier fehlt es an empirisch abgesicherten Theorien, im Grunde hat die wissenschaftliche Diskussion erst begonnen, z. B. bei der Frage, ob überhaupt oder wieweit eine gewisse Preissteigerung als Preis eines hohen Wachstums betrachtet werden kann[59].

Dennoch ist es nicht zweckmäßig, bei der Behandlung der wirtschaftspolitischen Oberziele stehenzubleiben und sie ökonomistisch[60] zu isolieren, sondern es ist ratsam, sie als Vor- oder Teilziele des höchsten Ziels der Wirtschaftspolitik zu betrachten, der Steigerung des Volkswohlstandes[61].

2. Der Volkswohlstand als oberstes Ziel der Wirtschaftspolitik

Als oberstes Ziel oder Endziel der Wirtschaftspolitik wird die Maximierung oder Optimierung des Volkswohlstandes bezeichnet[62]. Unter „Volkswohlstand" kann zum Beispiel die Steigerung des volkswirtschaftlichen Leistungsgrades verstanden werden (Nettosozialprodukt pro Arbeitsstunde)[63]. Es ist eine Frage der Begriffsbildung, ob man den Volkswohlstand als ordinal höchstes Ziel in einer gedachten Zielhierarchie oder als summativen (aus den soeben genannten Oberzielen

---

[56] *Büssgen* S. 23.
[57] *Hennies* S. 43 (nach Föhl): 60 000 DM; vgl. *Dahrendorf*, Reflexionen S. 390 ff. — (Gefahr einer Lähmung der Unternehmerinitiative).
[58] *J. Werner*, Schweizerische Ztschr. f. Volkswirtschaft u. Statistik 1971, S. 39; *Preiser*, ZfgesStW 123, 597 (hohe Wachstumsrate verstärkt die Ungleichheit); *Ott* S. 114 (nur unter bestimmten Bedingungen Zielkonflikt); vgl. *J. H. Müller* S. 31, 33 ff. (Konflikte zwischen wirtschafts- und gesellschaftspolitischen Zielen); Beispiel bei *Wiethölter*, Rechtswissenschaft S. 247 (Kohlesubventionen wirtschaftspolitisch bedenklich, sozialpolitisch einwandfrei).
[59] Kein eindeutiger Zusammenhang, *Ott* S. 106 f., 114.
[60] Vgl. *Weisser* S. 10, passim; *Ott* S. 96 (keine „wirtschaftsimmanenten" Ziele).
[61] *Pütz*, Theorie S. 88, 107.
[62] Statt vieler *Ohm* S. 72.
[63] *Giersch*, Allgemeine Wirtschaftspolitik S. 85; in der Geschichte unterschiedliche Bedeutungen, für maximales Prokopf-Einkommen *Neumark*, Wandlungen S. 32.

zusammengesetzt) Begriff auffaßt[64]. Älter als der durch Adam Smith bekannt gewordene Begriff des Volkswohlstandes und nicht auf die Wirtschaftspolitik beschränkt ist der Begriff des *Gemeinwohls,* der sich historisch von „salus publica" und „bonum commune" des Altertums und der Scholastik herleitet[65]. Das Gemeinwohl, als „Grundwert des Rechts"[66] und „Inbegriff der vorzugswürdigen Gemeininteressen"[67] bezeichnet, wird im geltenden Recht nicht selten angeführt, z. B. als Wohl der Allgemeinheit in §§ 87 I BGB, 81 I Genossenschaftsgesetz, 396 I Aktiengesetz, 51 I Gewerbeordnung, 1 IV Städtebauförderungsgesetz und nicht zuletzt in Art. 14 II, III 1 GG.

Was das Gemeinwohl im Einzelfall ist, wird je nach Standpunkt sehr verschieden beurteilt[68]; Gesetzgeber[69] bzw. jeweils herrschende Mehrheit[70] und die Rechtsprechung[71] geben dem Gemeinwohlbegriff Inhalt. Wegen dieser dezisionistischen Festlegung im Einzelfall ist theoretisch nur eine recht abstrakte Definition sinnvoll[72]. In Übereinstimmung mit der obigen Definition des Begriffs Volkswohlstand soll Gemeinwohl das Interesse des Volkes daran heißen, daß die Versorgung aller Verbraucher mit Gütern im weitesten Sinn stetig steigt[73]. Nur in diesem fast tautologischen Sinn ist ein „wirtschaftliches Gesamtinteresse"[74] zu bejahen.

Spaltet man den Begriff des Gemeinwohls auf, so enthält er neben den genannten wirtschaftspolitischen Oberzielen auch gesellschafts-

---

[64] So *Pütz,* Grundlagen S. 67.
[65] Vgl. *Thomas von Aquin* S. 736 r. Sp. (2. Bd., 96. Untersuchung, 1. Art.): „Finis autem legis est bonum commune... Unde oportet, leges humanas esse proportionatas ad bonum commune. Bonum autem commune constat ex multis; et ideo oportet quod lex ad multa respiciat et secundum personas, et secundum negotia, et secundum tempora." (Orientierung des Gesetzes am komplexen Gemeinwohl); vgl. zur Interpretation des „bonum commune" *Verdross* S. 74 ff. — Vgl. auch *Herbert Krüger,* Allgemeine Staatslehre S. 763 ff.; *Häberle,* Öffentliches Interesse, passim (Gemeinwohl in Gesetzgebung und Rspr.); vgl. *Schaeder* passim, der Gemeinwohl und öffentliches Interesse unterscheidet und den Gemeinwohlbegriff historisch entwickelt; vgl. auch die in demselben Sammelband enthaltenen weiteren Beiträge zum Thema Gemeinwohl.
[66] *Henkel* S. 365 ff.
[67] *Wolff* I S. 162 (§ 29 III a 3).
[68] Vgl. BVerfGE 12, 354, 363; *Streissler* S. 11.
[69] *Badura* AöR 92, S. 386.
[70] *Neumark,* Antinomien S. 577 f.; *Wiethölter,* Rechtswissenschaft S. 342.
[71] Vgl. Kritik von *Streissler* S. 1 f. (naives Harmoniedenken, romantischer Staatsbegriff, Gleichsetzung von Gemeinwohl mit Staatsräson); vgl. *Häberle* AöR 95, S. 86 ff., 260 ff. (Gemeinwohljudikatur des Bundesverfassungsgerichts).
[72] Vgl. *Pütz,* Grundlagen S. 72.
[73] Vgl. *Neumark,* Antinomien S. 577 f.
[74] *Leibholz,* Kontrollfunktion S. 307.

politische Grundziele wie Gerechtigkeit, Freiheit und Sicherheit[75]. Von den wirtschaftspolitischen Oberzielen könnte man annehmen, sie seien nur Unterziele im Verhältnis zu den gesellschaftspolitischen Grundzielen[76].

3. Gesellschaftspolitische Grundziele

Als Hauptziele oder Zwecke[77] der Wirtschaftspolitik werden neben den wirtschaftspolitischen Oberzielen von verschiedenen Autoren auch gesellschaftspolitische Ziele genannt, so von Dahl und Lindblom sieben Ziele: Freiheit, Rationalität, Demokratie, subjektive Gleichheit (!), Sicherheit, Fortschritt und angemessene Einbeziehung[78]; von Boulding wirtschaftlicher Fortschritt neben Stabilität und sozialer Gerechtigkeit[79]; von Giersch Freiheit, Frieden, Gerechtigkeit, Sicherheit und Wohlstand[80]; von Tinbergen Erhaltung des internationalen Friedens, Emanzipation diskriminierter Gruppen und ein Optimum an persönlicher Freiheit[81].

Andere Autoren vertreten die Auffassung, die gesellschaftspolitischen Grundziele seien den wirtschaftspolitischen Oberzielen und dem Wohlstandsziel übergeordnet, diese seien Mittel im Verhältnis zu jenen[82]. Dagegen läßt sich nicht einwenden, man könne zwischen ökonomischen und nichtökonomischen Zielen gar nicht unterscheiden[83]. Richtig ist, daß zwar wirtschaftspolitische Ziele zugleich gesellschaftspolitische sein können, z. B. das Vollbeschäftigungsziel, daß also eine saubere Trennung nicht immer möglich ist — es ist aber eine Sache der jeweils zweckmäßigen Definition, was unter wirtschaftlichen (bzw. nichtwirtschaftlichen) Zielen verstanden werden soll.

Soweit der knappe Überblick über die Ziele der Wirtschaftspolitik, die als Differenzierungsziele für den allgemeinen Gleichheitssatz von Bedeutung sein können.

---

[75] *Dörge* S. 51.
[76] *Giersch*, Allgemeine Wirtschaftspolitik S. 87.
[77] Vgl. *Podlech* S. 110.
[78] *Dahl-Lindblom* S. 211.
[79] *Boulding* S. 131 und passim.
[80] *Giersch*, Allgemeine Wirtschaftspolitik S. 68.
[81] *Tinbergen*, Universitas 1970, S. 30 f.
[82] *Meinhold*, Volkswirtschaftspolitik S. 38; *Hennies* S. 13; vgl. *Pütz*, Grundlagen S. 66.
[83] *Pütz*, Grundlagen S. 37; vgl. *Jöhr-Singer* S. 147, 155 (alle Ziele außerwirtschaftlicher Natur).

D. Der allgemeine Gleichheitssatz als äußerste Schranke für den Gesetzgeber

> „Es ist eine bedeutsame Aufgabe der Rechtslehre und der Rechtsprechung, die Grenzen sorgsam zu beachten, die das Grundgesetz der Gesetzgebung im Interesse eines Schutzes der Grundrechte und der Erhaltung gewisser grundlegender Festsetzungen der wirtschaftlichen Ordnung auferlegt[1]."

I. Art. 3 I GG als Schranke für den allgemeinen Gesetzgeber

1. Die Bedeutung des allgemeinen Gleichheitssatzes

Nach heute einhelliger Meinung ist auch der Gesetzgeber gemäß Art. 1 III und 20 III GG an den Gleichheitssatz gebunden[2]; streitig ist nur das Ausmaß dieser „Rechtsetzungsgleichheit"[3].

Der allgemeine Gleichheitssatz bedeutet nach der geläufigen Definition, daß der Gesetzgeber gleiche Sachverhalte gleich und ungleiche Sachverhalte entsprechend verschieden regeln muß[4], d. h. der Gesetzgeber darf nicht künstlich Gleichheit oder Ungleichheit schaffen[5], weder für einzelne noch für Gruppen[6]. Dabei genügt dem Gleichheitsgebot eine bloß formale Gleichheit nicht, sondern die Auswirkungen einer Norm

---

[1] *Scheuner* DÖV 1956, S. 65 r. Sp.

[2] Vgl. BayVerfGH in BayVGHE 1, 64, 79 (= S. 66, Leits. 9) mit überzeugender Begründung:
„... angesichts der ungeheuren Diskriminierung..., die der positive Gesetzgeber in jüngster Vergangenheit in das Gewand eines Gesetzes gekleidet hat, der Gesetzespositivismus im allgemeinen Bewußtsein so sehr erschüttert... Erkenntnis, daß auch der positive Gesetzgeber nicht souveräner Herr seiner Entschlüsse, sondern an Recht und Gerechtigkeit gebunden und durch das gegenseitige Spiel der staatlichen Einrichtungen in diesen Schranken zu halten ist..."
Ebenso BVerfGE 1, 14, 52; 21, 12, 26; — in der Literatur schon *Triepel* S. 28 (gegen „Gesetzesabsolutismus"); zur Weimarer Literatur vgl. *Rümelin* S. 12 ff.; — *Ipsen*, Gleichheit S. 150 ff.; vgl. *Luhmann* S. 170 (der Gleichheitssatz wende sich primär an den Gesetzgeber).

[3] *v. Mangoldt-Klein* S. 200 (Nr. 4 zu Art. 3).

[4] Vgl. BVerfGE 1, 16 (Leitsatz 18); 3, 58, 135.

[5] *Wernicke* Anm. II 1 b zu Art. 3 GG.

[6] *Hamann*, Wirtschaftsverfassungsrecht S. 92; *Hamann-Lenz* mwN. S. 156 (B 2 b zu Art. 3 GG); vgl. „Klassen" bei *Podlech* S. 64 ff.

I. Art. 3 I GG als Schranke für den allgemeinen Gesetzgeber

auf „gleiche" Adressaten müssen gleich sein[7]. In der genannten Definition, die auf das Aristotelische und scholastische „suum cuique tribuere" zurückgeht, klingen schon Gerechtigkeitsidee, Willkürverbot und Natur der Sache an[8].

Bei der *Gleichheitsprüfung* geht man zweckmäßig in Anlehnung an Ipsens Schema[9] vor:

(1) Gleichheitsprüfung nur am konkreten Fall, Vermeidung generalisierender Gleichheitsformeln, Berücksichtigung aller Sachumstände und speziellen Interessen[10],

(2) Subsidiarität des Gleichheitssatzes gegenüber anderen einschlägigen Normen[11] (d. h. keine Gleichheitsprüfung, wenn die zu prüfende Norm ohnehin verfassungswidrig ist), Spezialität der besonderen Gleichheitssätze und Konkretisierungen des allgemeinen Gleichheitssatzes (Art. 3 II, III; 6 V, 9 III, 28 I 2[12], 33 I, II, III, 38 I 1 GG).

Diese Differenzierungsverbote sind allerdings bei Subventionen selten praktisch, daher ist es unrichtig, daß der allgemeine Gleichheitssatz entbehrlich sei[13].

(3) Prüfung, ob die angebliche Ungleichbehandlung zu einer erheblichen[14] Benachteiligung[15] geführt hat. Nicht erheblich ist eine Benachteiligung auch dann, wenn sie durch Vorteile, welche die Differenzierung mit sich bringt, ausgeglichen wird[16]. — Das Erheblichkeitskriterium spielt auch insofern eine Rolle, als die Differenzierung selbst erheblich sein muß, wenn sie gegebenenfalls als verfassungswidrige Diskriminierung[17] angesehen werden soll, bzw. umgekehrt

---

[7] Vgl. BVerfGE 8, 51 (Leits. 2); 13, 97, 123; 21, 12, 27; 24, 300, 358; — BVerwGE 30, 191, 193; *Leibholz*, Gleichheit S. 246; *W. Böckenförde* S. 68 f.; *Bachof* JZ 1966, S. 134 r. Sp., Nr. 75; *Friauf*, Grenzen S. 38 (für Steuergesetze).

[8] *Geiger*, Gleichheitssatz S. 172; vgl. *Küchenhoff* JR 1959, S. 282 r. Sp.

[9] *Ipsen*, Gleichheit S. 141.

[10] Vgl. *Geiger*, Gleichheitssatz S. 171; *Ermacora*, Wirtschaftspolitische Blätter 1959, S. 135 l. Sp.; *v. Münch* AöR 85, S. 287; *Pöttgen* S. 56; *Mühl*, Pflicht S. 160.

[11] Vgl. *W. Böckenförde* S. 80; *Fuss* JZ 1959, S. 336 f.

[12] Vgl. *Fuss* JZ 1962, S. 599 r. Sp. (nach BVerfG).

[13] So aber *Fuss* JZ 1959, S. 338 r. Sp.

[14] BVerfGE 11, 310, 325; 13, 167, 174; *Ipsen*, Gleichheit S. 170.

[15] Keine Rechtsverletzung erforderlich (BVerfGE 18, 38, 46), eine Benachteiligung beachtlicher Interessen genügt, *Ipsen* S. 180.

[16] BVerfGE 17, 210, 223; 23, 153, 176; 29, 221, 237.

[17] Vgl. *Huber* II S. 217; *Jaenicke* S. 388 l. Sp. (im amerikanischen Verfassungsrecht); *Ermacora*, Handbuch S. 75; *Salzwedel* S. 345 (im Unterschied zur falschen Klassifizierung).

müssen die eine Differenzierung rechtfertigenden Merkmale positiv erheblich sein[18]. Diese Merkmale sind nun zu erläutern.

2. Elemente der Gleichheitsprüfung

Die Prüfung der Vereinbarkeit einer Norm mit Art. 3 I GG kann an verschiedenen Punkten ansetzen; das sei an dem konstruierten Beispiel einer vollständigen Subventionsnorm (lex perfecta) erläutert:

„Ein Unternehmer, der bei einer Betriebserweiterung oder -neugründung in den Landkreisen Nordfriesland und Dithmarschen bis zu 10, bis zu 50 oder über 50 neue Arbeitsplätze schafft," (soweit der Tatbestandsteil mit den qualitativen *Differenzierungskriterien*[19] Unternehmer, Betriebserweiterung oder -neugründung, Investitionsregion sowie mit den quantitativen Differenzierungskriterien der Zahl der neuen Arbeitsplätze) „kann unbeschadet anderer öffentlicher Finanzierungshilfen Investitionskredite oder Bürgschaften in Höhe von 6 000,—, 7 000,— bzw. 8 000 DM pro neugeschaffenen Arbeitsplatz erhalten." (Qualitative *Differenzierungsmittel* (kurz Differenzierung) Kredit oder Bürgschaft, quantitativ gestaffelt.)

„Ziel der gestaffelten Subventionierung ist es, die Einstellung möglichst vieler zusätzlicher Arbeitskräfte anzuregen und damit die strukturelle Unterbeschäftigung an der Westküste von Schleswig-Holstein zu beseitigen." (Angabe des *Differenzierungsziels*, auch Differenzierungsgrund genannt, hier weitgehend identisch mit dem umfassenden Normzweck, ratio legis.)

(a) Verfassungswidrig können erstens die Differenzierungskriterien sein, d. h. die Bestimmung dessen, was tatbestandsmäßig gleich oder ungleich sein soll. Beispielsweise würde die ausschließliche Förderung der Einstellung männlicher Arbeitskräfte bei geschlechtsunspezifischer Arbeitslosigkeit gegen Art. 3 I i. V. m. dem Differenzierungsverbot aus Art. 3 II GG verstoßen.

Ein anderes, krasses Beispiel für ein verfassungswidriges Differenzierungskriterium wäre es, wenn Subventionsvoraussetzung die Zugehörigkeit zu einer bestimmten Partei oder Konfession[20] wäre.

(b) Die technischen Differenzierungsmittel (Zuschüsse, Kredite usw.) sind kaum zu beanstanden. Ein denkbares gleichheitswidriges Differenzierungsmittel wäre ein öffentlicher Auftrag für völlig unbrauchbare Güter, wenn man bedenkt, daß der Wegfall des Verwendungszwecks das Mittel selbst als unbrauchbar erscheinen läßt.

---

[18] Vgl. BVerfGE 1, 264, 275 f.; 3, 19, 27; 4, 219, 246; 12, 341, 350; 13, 290, 306; 21, 12, 27.

[19] Vgl. *Stein* S. 204.

[20] *Luhmann* S. 179.

I. Art. 3 I GG als Schranke für den allgemeinen Gesetzgeber

(c) Ein unzulässiges Differenzierungsziel könnte das genannte beschäftigungspolitische Ziel dann sein, wenn es in einer bestimmten wirtschaftlichen Situation notwendig darauf gerichtet sein muß, aus benachbarten Regionen Arbeitskräfte abzuziehen, die dort unter volkswirtschaftlichem Aspekt noch dringender gebraucht werden (Widerspruch zum Wachstums- und Wohlstandsziel).

Während das Bundesverfassungsgericht auch hinsichtlich der Differenzierungsziele großzügig ist[21], ist es das Ziel dieser Arbeit, engere und effektive Schranken insbesondere für Differenzierungsziele aufzuzeigen.

Wenn ein Differenzierungsziel verfassungsmäßig ist, so ist — wie aus dieser Übersicht (a bis f) erhellt — die zu prüfende Norm freilich noch nicht ohne weiteres verfassungsmäßig[22], denn z. B. kann das Verhältnis eines Differenzierungskriteriums zum Differenzierungsziel schief sein.

(d) Das Verhältnis von Differenzierungskriterium und -ziel kann unangemessen sein („Willkür"[23]); z. B. ist zu fragen, ob das Ziel einer möglichst großen Beschäftigungszunahme es rechtfertigt, daß nur an der Westküste und nicht auch im Landkreis Flensburg Subventionen gewährt werden, oder ob die Grenzen von 10 bzw. 50 neuen Arbeitsplätzen betriebswirtschaftlich sinnvoll sind.

Ein anderes Beispiel: Für das Ziel des Schutzes der deutschen Kohle gegen die Konkurrenz des Heizöls wäre eine Frachthilfe nur für Ruhrkohle unter Ausschluß der Saarkohle nicht ohne weiteres angemessen[24].

(e) Auch das Verhältnis von Differenzierungsmittel und -ziel kann gestört sein, z. B. wenn das Mittel (Investitionskredit von nur 1000 DM pro Arbeitsplatz) nicht ausreicht oder wenn aufgrund der Subventionierung wichtigere Aufgaben nicht erfüllt werden können.

(f) Schließlich können die Folgen einer Differenzierung ungünstig ausfallen. Inwieweit dies zur Gleichheitswidrigkeit der Differenzierung selbst führen kann, ist noch ungeklärt[25]. Die nachteiligen Auswirkungen können aber bei der Verhältnismäßigkeit des Differenzierungskriteriums oder -mittels geprüft werden, so daß es erlaubt scheint, die letzten drei Punkte (d, e, f) unter dem Stichwort „Verhältnismäßigkeit der Differenzierung" zusammenzufassen.

---

[21] *Wittig* BB 1969, S. 387 f.; vgl. *Hoppe* DÖV 1965, S. 548 r. Sp. (ein Gesetz verliere bei Fortfall des Zwecks nicht seine Geltung — das kommt aber darauf an; vgl. unten S. 61 ff.).
[22] Vgl. *Podlech* S. 113 f.
[23] *Stein* S. 206 mit Bezug auf BVerfGE 9, 291; vgl. dazu Anm. von *Fuss* JZ 1962, S. 737 f.
[24] *Zängl* S. 105 f.
[25] *Wittig* BB 1969, S. 387 f.; ökonomische Wirkungsanalysen bisher überraschend selten, so *Zeitel* Finanzarchiv 1968, S. 188; s. u. F I 5 b, ff.

— Soweit die Elemente der Gleichheitsprüfung. Die angedeutete Großzügigkeit der Verfassungsrechtsprechung zeigt sich am klarsten in der nun zu behandelnden Willkürverbots-Theorie.

3. Der allgemeine Gleichheitssatz als Willkürverbot

Der allgemeine Gleichheitssatz wird heute durchweg als Willkürverbot ausgelegt[26]. Willkür setzt nicht notwendig ein Handeln des Gesetzgebers aus unsachlichen Beweggründen voraus (subjektive Willkür[27]), sondern es genügt für einen Gleichheitsverstoß die objektive Willkür, d. h. die tatsächliche und eindeutige Unangemessenheit der Regelung in bezug auf den zu ordnenden Gegenstand[28]. Dem Vorschlag von Hamann, einen anderen Begriff zu wählen, da der Willkürbegriff einen stark subjektiven Einschlag habe[29], wurde nicht gefolgt. Das Bundesverfassungsgericht behielt im Anschluß an Leibholz[30] diese Definition bei und bezeichnete als Willkür das Fehlen irgendeines vernünftigen Grundes[31] oder das Fehlen von Gründen „aus der Natur der Sache"[32] oder das Verlassen des gesetzlichen Systems ohne zureichenden sachlichen Grund[33], kurz solche stereotypen Formeln sind ständige Rechtsprechung[34].

Kritisch ist an dieser Stelle zur Deutung des Gleichheitssatzes als Willkürverbot nur anzumerken, daß diese „Erklärung" der Klarheit entbehrt[35], weil sie auf unbestimmte und metajuristische Kriterien wie die Natur der Sache verweist[36]. Daher ist die Eignung des Gleichheitssatzes als Kontrollmaßstab fraglich, wenn er nicht präziser als durch ein nicht näher bestimmtes Willkürverbot umschrieben werden kann[37].

---

[26] *Ipsen*, Gleichheit S. 137; vgl. statt vieler *Leibholz-Rinck* Nr. 9 zu Art. 3 (S. 92).

[27] Nach dem Motto „Sic volo, sic iubeo, stat pro ratione voluntas", sie ist auf jeden Fall verboten *(Luhmann* S. 177).

[28] BVerfGE 2, 281; 4, 155.

[29] *Hamann* NJW 1956, S. 370; vgl. *Brinkmann* Anm. I 3a zu Art. 3 (S. 10): Eine objektive Willkür gibt es nicht.

[30] Gleichheit S. 245 (ursprünglich zu Art. 109 I WRV).

[31] BVerfGE 4, 219, 243; zuvor BayVerfGHE 1, 29, 31 und 1, 64, 79.

[32] BayVerfGHE 4, 219, 245; OVG Lüneburg E 8, 421, 425 mit Bezug auf BVerfGE 1, 264.

[33] BVerfGE 9, 207; 9, 28; 12, 164; 12, 349; 13, 38; 13, 340; 18, 334; 25, 371, 403.

[34] Vgl. noch BVerfGE 21, 227, 234; OVG Lüneburg E 2, 205; zuletzt BVerfGE 30, 413; zu BVerwG vgl. *Bachof*, Rspr. II, S. 77 ff.; aus der Literatur vgl. *H. J. Rinck* JZ 1963, S. 521.

[35] *Ipsen*, Gleichheit S. 151; genauere Kritik s. u. E I.

[36] Vgl. *Wolff* III S. 141; s. u. D IV 1 a.

[37] *Fuss* JZ 1959, S. 332 l. Sp.; *Ipsen*, Gleichheit S. 166.

I. Art. 3 I GG als Schranke für den allgemeinen Gesetzgeber 39

Aus dieser Situation — von Kritikern sogar mit „Rechtsunsicherheit" gekennzeichnet — ergibt sich die Aufgabe der Präzisierung. Zunächst jedoch die Darstellung der Willkürverbots-Theorie im einzelnen.

a) Der weite Spielraum des Gesetzgebers

Rechtsprechung und Literatur billigen dem Gesetzgeber einen weiten, ja sehr weiten Spielraum bei der Bestimmung von Differenzierungskriterien, -mitteln und -zielen zu. So wiederholt das Bundesverfassungsgericht ständig die Formel, der Gesetzgeber handele nur dann gleichheitswidrig, wenn sachlich einleuchtende Gründe schlechthin nicht erkennbar seien[38]. Auch die Literatur stimmt dieser Auffassung vom weiten Spielraum des Gesetzgebers zu, wenn es etwa heißt, es sei nicht gleichheitswidrig, solange man unter vernünftigen Leuten darüber streiten könne, ob die sachlichen Erwägungen für oder gegen die Regelung besser seien[39]; jedes sachliche Differenzierungsziel sei ausreichend[40]; man müsse dem Gesetzgeber wohl zugestehen, daß er seine Gründe habe (!)[41]; über das weite Willkürverbot könne das Bundesverfassungsgericht nicht hinausgehen, gerade weil es überhaupt eine Bindung des Gesetzgebers an den Gleichheitssatz bejahe[42] und weil es galt und gelte, eine Flut von Verfassungsbeschwerden gegen Gesetze abzuwehren[43]; kurz, es ist die ganz herrschende Meinung[44].

b) Äußerst weiter Spielraum des Gesetzgebers

In einigen anderen Entscheidungen wird so formuliert, daß daraus ein noch weiterer Spielraum des Gesetzgebers zu entnehmen ist: Bindung nur an alleräußerste Schranken. Dies ist nicht als eigene Meinungsrichtung anzusehen, sondern nur eine Modifikation der unter a) genannten.

---

[38] BVerfGE 3, 58, 135 f.; ähnlich 3, 162, 182; 3, 288, 337; 4, 219, 244; 9, 334, 337; 25, 269, 292 f.; in DVBl. 1972, S. 77 l. Sp.; — angelehnt BVerwGE 16, 301, 306; vgl. weitere Rspr. bei *H. J. Rinck*, JöR 10, S. 269 ff.
[39] *Geiger*, Gleichheitssatz S. 177.
[40] *Zängl* S. 105.
[41] *Forsthoff*, Staat S. 136.
[42] *Herzog*, Demokratie S. 712 l. Sp.
[43] *R. Schmidt* JZ 1967, S. 402 l. Sp.
[44] *Scheuner* DVBl. 1952, S. 615 r. Sp.; S. 647 r. Sp.; *v. Mangoldt-Klein* S. 201 (Nr. 4 a zu Art. 3); *H. J. Rinck* JöR 10, S. 273; *Fuss* JZ 1962, S. 600 l. Sp.; *Friauf*, Grenzen S. 37 f.; *Lademann* SchlHA 1966, S. 209 l. Sp.; *Badura* AöR 92, S. 384; *Dicke* S. 128 (auch im italienischen Recht); *G. Rinck* S. 39, Rdnr. 117; *Heinze* S. 54; *Paulick*, Lenkungsfunktion S. 221 (Steuergesetzgeber); *Stein*, S. 60, 206; *Ossenbühl* DÖV 1971, S. 523 r. Sp.

D. Der Gleichheitssatz als äußerste Schranke für den Gesetzgeber

So heißt es etwa, die Unsachlichkeit einer Norm müsse evident sein[45] (was ist unter Juristen schon evident?!); es genügten sachlich irgendwie noch vertretbare Gründe[46]; auch wenn die gegen eine Norm sprechenden Gründe eindeutig überwögen, sei dies nicht notwendig ein Gleichheitsverstoß[47].

In der Literatur werden ähnliche Auffassungen vom äußerst weiten Spielraum des Gesetzgebers bei Art. 3 I GG geäußert: Die Prüfung durch das Bundesverfassungsgericht sei auf alleräußerste Grenzfälle beschränkt, es habe jede irgendwie vertretbare Erwägung zu respektieren[48]; die Freiheit des Gesetzgebers sei außerordentlich weit, er sei Herr seiner Entschlüsse, ob, wann, wie und mit welchem Ziel er handeln wolle, er sei nur angreifbar, wenn sich schlechterdings keine plausible Erklärung finden lasse[49]; eine Willkür-Klage sei nur in den seltenen Fällen „schreienden Unrechts" erfolgversprechend, wenn die Schilderung des Sachverhalts allein als Klagevortrag genüge[50].

c) Erweiterung des gesetzgeberischen Spielraums

Eine Gesetzesnorm kann bei Fehlen eines ausreichenden Ziels einer Differenzierung oder Gleichbehandlung durch ein besonderes Ziel gerechtfertigt sein, wenn Grund der Differenzierung oder Gleichbehandlung die Praktikabilität[51] der Regelung ist, insbesondere die einfache Handhabung durch die Verwaltung. In solchen Fällen sieht die ständige Rechtsprechung des Bundesverfassungsgerichts typisierende Regelungen als gleichheitsgemäß an[52].

---

[45] BVerfGE 13, 97, 107; vgl. BayVerfGHE 1, 64, 79; BVerfGE 1, 97, 100 f.; 17, 199, 206; 18, 121, 124; 19, 101, 115; 26, 116, 138; 27, 111, 128; —.
[46] BVerfGE 12, 326, 333.
[47] BVerfGE 12, 326, 336 f., dazu kritisch *Pöttgen* S. 47, dann sei kaum noch eine Gleichheitswidrigkeit denkbar, denn ein sachlicher Grund lasse sich stets finden.
[48] *Ipsen*, Gleichheit S. 190, Nr. 9.
[49] *Geiger*, Gleichheitssatz S. 174 f.; vgl. *Badura* AöR 92, S. 399.
[50] Vgl. *Lademann* SchlHA 1966, S. 213 (für die verwaltungsgerichtliche Klage); — für einen äußert weiten Spielraum auch *Maunz-Dürig-Herzog* Anm. 118 zu Art. 20; *Göldner* S. 238 (eindeutig feststellbarer Verstoß erforderlich).
[51] Vgl. Topos bei *E. Schneider* S. 324.
[52] BVerfGE 9, 3, 13 (Pauschalierung); 9, 20, 32 (Typisierung, um eine zeitraubende Prüfung von Einzelfällen zu vermeiden); 13, 39, 44; 13, 237, 242 f.; 13, 331, 341 (Steuergesetze müssen notwendig typisieren, um praktikabel zu sein); 14, 101 f.; 16, 147, 187 (Sonderfälle können vernachlässigt werden); 17, 1, 23 f. (Sozialversicherung; Gestaltungsfreiheit bei bevorzugender Typisierung weiter, a. M. *Brinkmann* Anm. I 3 b zu Art. 3 [S. 11]); 17, 210, 220 (Bausparen); 19, 119, 125 (bank- und steuertechnische Schwierigkeiten machen eine differenzierende Schonung des Altbesitzes bei Wertpapieren im Kuponsteuer-Gesetz undurchführbar); 21, 12, 27 (Steuergesetze müssen typisieren, da sie

I. Art. 3 I GG als Schranke für den allgemeinen Gesetzgeber   41

In ähnlichem Sinn heißt es in anderen Entscheidungen ohne expliziten Bezug auf das Praktikabilitätsargument, seltene Fälle dürften abweichend behandelt werden, das sei keine Diskriminierung[53]. Besonders weite Gestaltungsfreiheit hat der Gesetzgeber nach der verfassungsgerichtlichen Rechtsprechung auch bei neuartigen, schwierigen und umfassenden Materien, da hier vielfältige Interessen berücksichtigt werden müßten und daher stärker typisiert werden müsse, z. B. bei der Kriegsfolgenregelung[54].

Diese prima facie einleuchtende Begründung sollte nicht übersehen lassen, daß der Spielraum des Gesetzgebers von Rechtsprechung und Lehre ohnehin sehr weit angesetzt wird und daher eine faktische Erweiterung, wie sie durch die Praktikabilitäts- und Komplexitätsargumente begründet werden soll, im Grunde pleonastischen Charakter hat. Es besteht die Gefahr, daß mit der schlichten Begründung, es handele sich um ein neuartiges, komplexes Gesetz, verfassungsrechtliche Bedenken leichterhand beiseite geschoben werden.

d) „Ermessen" des Gesetzgebers?

Immer wieder ist in Rechtsprechung und Schrifttum statt von der Gestaltungsfreiheit vom „Ermessensspielraum" des Gesetzgebers die Rede[55]. So häufig dieser Ausdruck gebraucht wird[56], so mißverständlich

---

Massenvorgänge des Wirtschaftslebens betreffen); 22, 349, 368; 23, 12, 28 f.; 23, 153, (178, 189); 23, 327, 346 (Praktikabilitätsargument hier nicht ausreichend); 24, 174, 183; 25, 101, 109; 27, 220, 229; 28, 324, 356; 29, 221, 241; — ähnlich auch die Literatur: *Bühler-Strickrodt* S. 226; *Friauf*, Grenzen S. 38; zweifelnd aber *Paulick*, Grundgesetz S. 109.

[53] BVerfGE 9, 20, 32 (Häufigkeit); 13, 39, 43; 17, 210, 224; 17, 337, 354; 25, 101, 109; 26, 1, 12 (Ausnahmefälle können abweichend geregelt werden); 28, 227, 242.

[54] BVerfGE 13, 39, 42 f. (Kriegsfolgenrecht, Wiedergutmachung); 14, 13, 17 (Art. 131 GG); 16, 147, 186 (Da die Sonderbelastung des Werkfernverkehrs auf einem schwer übersehbaren Gebiet und nur versuchsweise getroffen worden ist und die verkehrspolitischen Auswirkungen noch nicht voll übersehbar sind, muß die Ungleichheit noch hingenommen werden.); 21, 12, 41 (komplizierte Materie des Umsatzsteuerrechts, volkswirtschaftliche Zusammenhänge noch nicht geklärt, daher noch verfassungsmäßig); 22, 367 (zusätzliche Billigkeitsmaßnahmen); vgl. hierzu *Schmidt-Bleibtreu-Klein* Anm. 17 zu Art. 3; BVerfGE 23, 153, 168; 25, 198, 206 (Art. 131 GG, äußerst komplizierte Materie); 27, 253 (270, 286); — ähnlich die Literatur: *Geiger*, Gleichheitssatz S. 178 f.; *Fuss* JZ 1959, S. 333 r. Sp.

[55] BVerfGE 3, 58, 135 f.; 3, 162, 182; 3, 288, 337; 4, 718; 9, 3, 10 f.; 27, 111, 127; — BVerwGE 6, 134 143; OVG Münster E 10, 184, 188; — *Hamann* NJW 1955, S. 69 ff.; *Fuss*, JZ 1959, S. 331; *Rüpke* S. 165; *G. Müller* S. 39; *Bachof*, Rspr. I S. 129; *Ipsen*, Gleichheit S. 190; *Koenigs*, Juristische Analysen 1970, S. 590; *Schmidt-Bleibtreu-Klein* Anm. 16 zu Art. 3; *Maunz-Dürig-Herzog* Anm. 105 zu Art. 1 und 117 ff. zu Art. 20.

[56] Vgl. *Lerche*, Übermaß S. 87 (wachsende Beliebtheit).

ist er[57], denn der Gesetzgeber vollzieht nicht die Verfassung wie die Exekutive ein Gesetz vollzieht, wenn sie frei innerhalb eines gesetzlich vorgegebenen Rahmens die zur Erreichung eines bestimmten Zwecks notwendigen Mittel wählt[58]. Hamann versuchte, den Begriff des legislatorischen Ermessens abzugrenzen[59]: Ein (weites) Ermessen habe der Gesetzgeber nur da, wo eine verfassungsrechtliche Ermächtigung vorliege und wo Zweckmäßigkeitsfragen zu lösen seien, nicht aber dort, wo ein Verfassungsauftrag zu erfüllen sei, dort müsse der Sinn des Verfassungsauftrags ungeschmälert und ohne wohlwollende Nachsicht verwirklicht werden.

Diese, wenn auch eingeschränkte Verwendung des Ermessensbegriffs für den Gesetzgeber vermag nicht zu überzeugen, das zeigt die umgekehrte und ebenso vertretbare Abgrenzung von Lerche: Der Gesetzgeber habe grundsätzlich (weite) Gestaltungsfreiheit, jedoch bei Verfassungsaufträgen komme ihm nur eine engere Ermessensfreiheit zu[60].

Nach Menger und Forsthoff wiederum soll der Gesetzgeber nur bei Maßnahmegesetzen einen (engen) Ermessensspielraum haben, sonst eine weitere Gestaltungsfreiheit[61]. Ermessen wird also einerseits (Hamann) als weit angesehen — im Unterschied zur gebundenen Verwaltung — andererseits (Lerche u. a.) als eng begrenzt — im Unterschied zur gesetzesfreien Verwaltung.

Zu dieser Unklarheit kommt hinzu, daß mit dem „Ermessen" im Grunde der sogenannte Beurteilungsspielraum[62] (Bachof) gemeint sein könnte, welcher der Verwaltung im Prüfungsrecht und bei der Beurteilung von Beamten hinsichtlich unbestimmter Rechtsbegriffe (z. B. Eignung), also auf der Tatbestandsseite der Norm, eingeräumt ist. Dazu passen die Kritik Hubers, daß Gleichheit kein subjektiver Ermessensbegriff sei[63], und die Schranke der sachfremden Erwägungen beim Beurteilungsspielraum. Wenn mit Ermessen der alte Ermessensbegriff im Sinne des heute üblichen Begriffs des Beurteilungsspielraums gemeint ist (kognitives Ermessen), so wäre es rein terminologisch nicht falsch

---

[57] *Fuss* JZ 1959, S. 331 r. Sp.; *v. Münch* AöR 92, S. 296; — vgl. *Scheuner* DVBl. 1952, S. 615 r. Sp.; *Lerche* AöR 90, S. 344; *Forsthoff*, Staat S. 142.

[58] *Forsthoff*, Maßnahme-Gesetze S. 234.

[59] *Hamann* NJW 1955, S. 970 f.

[60] *Lerche*, Übermaß S. 65, 86.

[61] *Menger* VVDStRL 15, S. 31; *Forsthoff*, Maßnahme-Gesetze S. 235 f.; — zu Maßnahmegesetzen vgl. *Ballerstedt*, Maßnahmegesetze S. 378 f.; ders., Wirtschaftsverfassungsrecht S. 35; *Ehmke*, Wirtschaft S. 63 ff.; *Maunz-Dürig-Herzog* Anm. 93 ff. zu Art. 20 GG.

[62] Vgl. *Bachof* JZ 1955, S. 97 ff.; *Zippelius* S. 36; *Pöttgen* S. 50; *Hamann-Lenz* S. 159 (B 4 c zu Art. 3); — vgl. BVerfGE 21, 150, 157 (In der Beurteilung künftiger Gefahren und in der Auswahl der Mittel muß der Gesetzgeber eine gewisse Beurteilungs- und Handlungsfreiheit haben.).

[63] *Huber* DÖV 1956, S. 174 r. Sp.

zu sagen, der Gesetzgeber habe einen ebenso weiten Ermessensspielraum wie die Verwaltung[64]; dem Ermessen als Rechtmäßigkeitsvermutung würde hier eine Verfassungsmäßigkeitsvermutung entsprechen[65].

Abschließend bleibt festzustellen, daß ein Begriffsstreit nicht ergiebig ist und daß es ratsam erscheint, den Ermessensbegriff der Klarheit halber auf die Verwaltung zu beschränken und nur von der Gestaltungsfreiheit oder vom Spielraum des Gesetzgebers zu sprechen[66].

Als Ergebnis des Abschnitts I ist die nach herrschender Meinung sehr weite Gestaltungsfreiheit des Gesetzgebers bei Art. 3 I GG zu konstatieren; es fragt sich, wie es damit bei der wirtschaftslenkenden und bei der Subventionsgesetzgebung bestellt ist.

II. Der allgemeine Gleichheitssatz als Schranke für den wirtschaftslenkenden Gesetzgeber

Nach der ständigen Rechtsprechung des Bundesverfassungsgerichts hat der Gesetzgeber auch auf dem Gebiet der Wirtschaftspolitik oder Wirtschaftslenkung — sei sie eingreifend oder leistend — einen sehr weiten Gestaltungsspielraum[67]. Daher hat das Gericht noch kein Subventionsgesetz allein wegen eines unzureichenden wirtschaftspolitischen Differenzierungsziels für gleichheitswidrig erklärt. Überblickt man die Reihe von über dreißig Entscheidungen, in denen das Bundesverfassungsgericht auf einen Verstoß gegen den Gleichheitssatz erkannte[68], so ging es meist um sozialpolitische oder andere Differenzierungsziele

---

[64] *Scholler* S. 60.
[65] *Meder* S. 61; vgl. unten E I 1.
[66] So auch *Küchenhoff* JR 1959, S. 282 r. Sp.; vgl. z. B. BVerfGE 27, 375; *Schmidt-Preuß* DVBl. 1970, S. 538 l. Sp.; vgl. allgemein *Roellecke* S. 147 ff.
[67] BVerfGE 4, 7, 18 (Investitionshilfeurteil): wirtschaftspolitische Neutralität des Grundgesetzes, vgl. *Rüfner*, Formen S. 209 f.; *Badura* AöR 92, S. 392 (der Grundsatz der wirtschaftspolitischen Neutralität folge umgekehrt aus dem Grundsatz der Gestaltungsfreiheit des Gesetzgebers); aus der wirtschaftspolitischen Neutralität folgt also, daß ein wirtschaftspolitisches Instrument keineswegs marktkonform sein muß!
BVerfGE 7, 377, 400 (Apotheken-Urteil): Aus der Neutralität des Grundgesetzes folgt, daß der Gesetzgeber jede ihm sachgemäß erscheinende Wirtschaftspolitik verfolgen kann, vgl. dazu *Lerche*, Übermaß S. 227; — 14, 105, 117: Die Regulierung der Branntweinproduktion ist wirtschaftspolitischer Natur und gehört *daher* zum Bereich der legislatorischen Gestaltungsfreiheit; 18, 153, 177: In einem geordneten Staatswesen ist keine Förderung eines Wirtschaftszweiges denkbar, die nach Auffassung des Gesetzgebers nicht zugleich im öffentlichen Interesse läge; 18, 315, 331 (Zurückhaltung des BVerfG bei wirtschaftslenkenden Maßnahmen wie Molkereiabgabe); 25, 1, 19 f.
[68] BVerfGE 1, 14; 1, 208; 4, 219; 6, 55; 6, 246; 7, 282; 7, 377; 9, 291; 13, 31; 13, 248; 13, 331; 19, 201; 21, 160; 21, 292; 25, 101; 26, 100; 27, 220; 28, 227; 28, 324 u. a. m., vgl. *Hamann-Lenz* S. 167 f. (B 4 e, bb zu Art. 3); *Leibholz-Rinck* Nr. 9 ff. zu Art. 3.

D. Der Gleichheitssatz als äußerste Schranke für den Gesetzgeber

und nur in drei Fällen auch um wirtschaftspolitische Ziele, die jedoch nicht verfassungswidrig waren[69], und nur in zwei anderen Entscheidungen wurde in obiter dicta ein wirtschaftspolitisches Ziel beanstandet[70]. Auch in der Literatur überwiegen die Befürworter einer weiten Gestaltungsfreiheit des Gesetzgebers bei wirtschaftspolitischen Gesetzen: Es heißt dort z. B., wirtschaftspolitische Differenzierungen seien zulässig, solange keine Willkür ausgeübt werde[71]; der Gleichheitssatz spiele bei der Wirtschaftslenkung nur eine geringe Rolle, weil die Wirtschaft selbst vielfältige Differenzierungen aufweise[72]. Gerade im wirtschaftlichen Bereich müsse der Gesetzgeber einen weiten Spielraum zur Meisterung unabsehbarer Entwicklungen haben, andernfalls drohe eine nachträgliche Wirtschaftspolitik durch fachlich inkompetente Richter[73] und es bestehe die Gefahr der Versteinerung des Wirtschaftsrechts durch das Verfassungsrecht[74].

Dem ist entgegenzuhalten, daß ein Gericht zwar nicht wie Regierung und Parlament auf einen Stab von Beamten und Assistenten zurückgreifen kann und Richter von daher in der Tat nicht so gute Erkenntnismöglichkeiten haben[75], daß aber stattdessen sachverständige Gutachter zur Verfügung stehen (vgl. § 28 BVerfGG)[76], die allerdings anscheinend nicht im erforderlichen Maß bemüht werden.

---

[69] BVerfGE 19, 101 (Zweigstellensteuer; a.M. BVerwGE 12, 140, 151 ff. mit zustimmender Anm. *Bachof*, Rspr. II, S. 85); 21, 160 (Zweigstellensteuer); 21, 292 (Rabattgesetz; vgl. *Podlech* S. 65; zur unzulässigen Diskriminierung von Warenhäusern im Dritten Reich vgl. schon *Hamann* Rechtsstaat S. 57); — in allen drei Fällen war das Mittel unverhältnismäßig.

[70] BVerfGE 13, 331 (Gewerbesteuergesetz): Das einzig denkbare Ziel der Regelung, die mitarbeitenden Gesellschafter aus Kapital- in Personengesellschaften zu drängen, wäre abwegig, da die Steuerverschärfung dafür nicht stark genug sei, und widerspräche im übrigen der Wirtschafts- und Sozialpolitik des sozialen Rechtsstaats, nämlich der Förderung der Kapitalgesellschaften, z. B. durch Volksaktien (S. 346, 355); vgl. krit. Anm. *Fuss* JZ 1962, S. 741 ff. — Da die Entscheidung einen Eingriff betrifft, ist sie hier nur zu erwähnen.
Zweitens BVerfGE 28, 227, wo ein landwirtschaftliches Nebenziel verworfen wurde, nämlich durch Steuervergünstigungen die Verkaufsbereitschaft der Landwirte auf unrentablen Höfen zu fördern, da die Förderung unabhängig von der Rentabilität gewährt wurde; kritisch *Tipke* NJW 1970, S. 1875.

[71] *Huber* II S. 216 f.; *Henze* S. 101.

[72] *Menger* DÖV 1955, S. 592 l. Sp.; *v. Münch* AöR 92, S. 296.

[73] *Scheuner* DÖV 1956, S. 66 l. Sp., 70 r. Sp.; so auch *Herbert Krüger* DÖV 1971, S. 293 r. Sp. (*Sach*willkür!).

[74] *Wiethölter*, Position S. 60.

[75] *Fuss* JZ 1959, S. 331 l. Sp.; *Wittig* BB 1969, S. 388 r. Sp.; vgl. *Tipke* NJW 1970, S. 1875 l. Sp., der den engen Horizont des BVerfG in steuerrechtlicher Hinsicht bemängelt (es wäre jedoch nicht nötig, daß das Gericht auf das angewiesen ist, was in Vorlagebeschlüssen und Schriftsätzen an es herangetragen wird!).

[76] Kritisch aber *Meder* S. 64 und *Schmidt-Preuß* DVBl. 1970, S. 539 (Dissens der Sachverständigen).

Schließlich wird die große Entscheidungsfreiheit des wirtschaftslenkenden Gesetzgebers mit einem Argument begründet, das auch bei der allgemeinen und der Subventionsgesetzgebung ins Feld geführt wird, mit dem Argument der demokratischen Idee[77], nach der die Gesellschaft aus der ständigen öffentlichen Auseinandersetzung aller Gruppen gestaltet werden soll (kulminierend im Parlament), nicht dagegen durch autoritären Richterspruch. Danach ist es die besondere *demokratische Legitimation* des Gesetzgebers, die ihm die Prärogative gegenüber der Rechtsprechung bei der Konkretisierung des Gleichheitssatzes gibt. Diese Überlegung kann zwar den Maßstab funktioneller Richtigkeit der Verfassungsinterpretation[78] für sich in Anspruch nehmen, sie geht jedoch zu weit, wenn sie leugnet, daß der Gleichheitssatz auch und gerade auf dem Gebiet der Wirtschaftslenkung eine große Bedeutung hat[79], d. h. eine echte Schranke für den Gesetzgeber darstellt. Das Argument der demokratischen Legitimation des Gesetzgebers vermag nicht überzeugend nachzuweisen, warum die Entscheidungsfreiheit des Gesetzgebers auf dem Gebiet der Wirtschaftspolitik größer sein soll als auf anderen Gebieten[80]; denn damit würde, pointiert formuliert, die Wirtschaft „zur autonomen Gralsburg hochstilisiert", zu der Verfassungsrichter nur ausnahmsweise Zutritt hätten[81].

III. Der allgemeine Gleichheitssatz als Schranke für den Subventionsgesetzgeber

Dem Staat ist es nicht erlaubt, Geschenke an Private zu machen[82].

Ebenso wie der allgemeine Gesetzgeber ist auch der Subventionsgesetzgeber an den allgemeinen Gleichheitssatz gebunden[83]. Bei staat-

---

[77] BVerfGE 5, 85, 198; 11, 105, 123; *Scheuner* DÖV 1960, S. 609 r. Sp.; *Fuss* JZ 1962, S. 600 l. Sp.; *Badura* AöR 92, S. 386, 391; *Zacher* AöR 93, S. 382; *Badura*, Wirtschaftsverwaltungsrecht S. 257; *Selmer* S. 361.

[78] *Hesse*, Verfassungsrecht S. 29 f., 33.

[79] *Hamann*, Rechtsstaat S. 52; *Scheuner* VVDStRL 11, S. 17; *Huber* DÖV 1956, S. 174 l. Sp.

[80] *Stern* DÖV 1961, S. 327 l. Sp.

[81] *R. Schmidt*, Wirtschaftspolitik S. 229.

[82] Vgl. *Köttgen* DVBl. 1953, S. 487 (auch der Gesetzgeber bedarf als Mäzen einer Legitimation); *Ipsen*, Subventionierung S. 20, 33; BVerwGE 6, 282, 287; *Eppe* S. 91 ff.; BGH NJW 1967, S. 728; *Unkelbach* S. 61; *Wolff* III S. 219; *Wolff* I S. 171 (§ 30 II b); vgl. „Geschenkwirtschaft" der Subventionen bei *Schmölders* S. 223 ff. — Die Unzulässigkeit läßt sich daraus herleiten, daß eine Besteuerung für Geschenkzwecke ein rechtswidriger Eingriff wäre, Art. 2 I GG, so *Lange*, Verwaltung 1971, S. 271.

[83] BVerfGE 27, 220, 227; *Hamann*, Rechtsstaat S. 123 f.; *v. Münch* AöR 92, S. 280; Fußn. 5 mwN; *Forsthoff*, Verwaltungsrecht S. 95, 118; *Wolff* III S. 140; *Rüfner*, Formen S. 409.

46 D. Der Gleichheitssatz als äußerste Schranke für den Gesetzgeber

lichen Leistungen besteht die Bedeutung des allgemeinen Gleichheitssatzes in dem Verbot der ungleichen Begünstigung und positiv im Gebot der gleichen Zuteilung[84] (Gebot gleicher Teilhabe)[85]. Art. 3 I GG ist praktisch die einzige Rechtsgrundlage gegen die Versagung von Subventionen[86], denn bei Teilhabeansprüchen lassen sich die meisten Grundrechtsverstöße auf eine gleichheitswidrige Differenzierung zurückführen. Wer unter Verstoß gegen Art. 4, 5 oder 12 z. B. von einer Leistung ausgeschlossen wurde, kann und muß sich — trotz der allgemeinen Subsidiarität des Gleichheitssatzes — auf diesen berufen; insofern sind andere Grundrechte subsidiär[87].

Daher hat der Gleichheitssatz im Bereich der gewährenden Staatstätigkeit besondere Bedeutung[88]. Dem widerspricht jedoch die herrschende Meinung, wenn sie sagt, der Gesetzgeber habe in der darreichenden Gesetzgebung eine noch größere Gestaltungsfreiheit als in der Eingriffsgesetzgebung, vgl. die Rechtsprechung des Bundesverfassungsgerichts[89].

Die Literatur stimmt dem weitgehend zu[90], zum Teil mit so weitgehender Argumentation, daß von der Bedeutung des Gleichheitssatzes im Subventionsrecht nur noch ein verfassungstheoretisches Lippenbekenntnis übrigbleibt[91], wenn es etwas heißt, wer den Gleichheitssatz bei Lenkungssubventionen[92] anwende, erhebe das „Gießkannenprinzip" zum Verfassungsgrundsatz[93], d. h. bei Unternehmenssubventionen soll der Gleichheitssatz aus Gründen einer wirksamen wirtschaftspolitischen Lenkung nicht anwendbar sein[94]. Ein solches „Gießkannenprinzip" im Sinne einer schematischen Gleichmacherei entspricht aber nur einem

---

[84] BGH NJW 1959, S. 1429; *Wolff* III S. 140.

[85] *Hesse* AöR 77, S. 181, 220; *Eppe* S. 124.

[86] *v. Münch* AöR 92, S. 281; vgl. *Henze* S. 100.

[87] *Rüfner*, Formen S. 390; vgl. *Schaumann* JuS 1961, S. 112 l. Sp.

[88] *Scheuner* VVDStRL 11, S. 17, 56; *v. Münch* AöR 92, S. 271; *Fuss* JZ 1962, S. 600 r. Sp.; Hess. VGH DÖV 1963, S. 881 l. Sp.; *Dicke* S. 125; *Scheuner*, Wirtschaftslenkung S. 57 f.

[89] BVerfGE 11, 50, 60; 11, 245, 253; 17, 1, 23 f.; 17, 210, 215 f. (zustimmend *Rüfner*, Formen S. 391 Fußn. 201); 22, 103; 22, 349, 361; 23, 258, 264; 28, 206, 214; 29, 51, 56.

[90] *v. Münch* AöR 92, S. 291; *Schaumann* JuS 1961, S. 112 l. Sp. (und wegen wechselnder Finanzlage); *Friauf* DVBl. 1966, S. 737 r. Sp. (nur in Ausnahmefällen Schutzwirkung des Gleichheitssatzes bei Subventionen); *Dicke* S. 129; *Schmidt-Bleibtreu-Klein* Anm. 17 zu Art. 3; *Leibholz-Rinck* Nr. 10 zu Art. 3 (S. 94).

[91] *Schaumann* S. 112 l. Sp.

[92] Also nicht bei Sozialsubventionen, wie Wohnungs- und Studiensubventionen, bei denen möglichst alle gefördert werden sollen.

[93] *Wagner* VVDStRL 27, S. 70.

[94] Vgl. ebenda S. 80, Leitsatz 17 c; dazu heftige Kritik der Staatsrechtslehrer (S. 82 ff.).

engen, überholten Gleichheitsverständnis[95] und ist in der Anwendung des Gleichheitssatzes — nach dem ja nur wesentlich gleiche Tatbestände gleich zu behandeln sind — nicht enthalten; daher sollte es hier nicht als Vorwurf benutzt werden.

Kritisch ist zu der These von der größeren Gestaltungsfreiheit des Leistungsgesetzgebers weiter zu sagen, daß wie bei der Willkürverbotstheorie keine genaue Begründung gegeben wird, auch das Bundesverfassungsgericht glaubt auf eine Untermauerung seiner Behauptungen verzichten zu können[96]. Die herrschende Meinung geht wahrscheinlich von der zivilrechtlichen Freiheit des Schenkers gegenüber dem Beschenkten aus[97], übersieht dabei jedoch den Eingriffscharakter der Subventionen[98] ebenso wie die unveränderliche Bindungskraft des Gleichheitssatzes (gewissermaßen die Gleichheit des Gleichheitssatzes), denn warum sollte gerade der Subventionsgesetzgeber „ein bißchen Willkür üben dürfen"[99]? Ein geringerer Bindungsgrad kann sich nur auf andere Verfassungsnormen beziehen. —

Soweit die Darstellungen der Gestaltungsfreiheit des allgemeinen, des wirtschaftslenkenden und des Subventionsgesetzgebers; nun zu den einzelnen Schranken des Willkürverbots für den Gesetzgeber in diesen drei Funktionen.

IV. Analyse der einzelnen Schranken des Willkürverbots

1. Sachgerechtigkeit

Die Schranke der Sachgerechtigkeit ist die in der Rechtsprechung des Bundesverfassungsgerichts am meisten genannte und seit BVerfGE 1, 14, 52 ständige Rechtsprechung[100]; es heißt dort, der Gleichheitssatz sei verletzt, wenn sich ein vernünftiger, sich aus der Natur der Sache er-

---

[95] Vgl. z. B. *von Mohl* S. 162: „... der Staat bei seiner Förderung des Vermögens-Betriebes alle Klassen seiner Bürger gleichmäßig zu bedenken hat, und daß er nicht etwa die eine oder andere vernachläßigen oder gar auf Kosten der übrigen begünstigen darf. Schon das Recht verbietet eine solche Unterscheidung...".
[96] Allerdings scheint die Rspr. des BVerfG von der These etwas abzurücken, indem der Gleichheitssatz auch auf Sozialleistungen erstreckt wird, vgl. die Verfassungswidrigkeit der Heiratsklauseln im Kindergeldrecht, BVerfGE 29, 1 (8—10); 29, 71 (78 ff.).
[97] Vgl. §§ 516 ff. BGB; *Heinze* S. 56.
[98] *Fuss* JZ 1962, S. 600 r. Sp.; s. u. F I 3!
[99] *Fuss* JZ 1962, S. 600 r. Sp.
[100] BVerfGE 3, 162, 183; 3, 288, 338; 4, 356; 6, 84, 2. Leitsatz (= S. 91): Differenzierungsmöglichkeiten nach der Natur des jeweiligen Sachbereichs; 6, 246, 256 (Natur der Sache); 9, 338, 349 (Sachgesetzlichkeit eines Lebensbereichs); 12, 326, 337 (nicht eindeutig sachfremd); 21, 12, 26; 27, 220, 227; — BVerwGE 20, 101, 105; 31, 279, 286.

gebender oder sonstwie sachlich einleuchtender Grund für die gesetzliche Differenzierung oder Gleichbehandlung nicht finden lasse. Die Frage, wann eine Norm sachgerecht sei, läßt sich am besten durch Klärung des Unterbegriffs der Natur der Sache beantworten.

a) Natur der Sache

Der Begriff der Natur der Sache geht auf die griechische und römische Philosophie des Altertums zurück[101]. Über 2000 Jahre Philosophiegeschichte spannt sich der Bogen bis zu Montesquieu, dessen Hauptwerk mit dem berühmten Satz beginnt: „Les loix, dans la signification la plus étendue, sont les rapports nécessaires qui dérivent de la nature des choses...[102]"

Heute versteht man unter der Natur der Sache ein „werdendes Recht", das aus Tätigkeitsbereichen wie dem käufmännischen Geschäftsverkehr und aus Ordnungen wie Familie, Betrieb, Beamtenverhältnis hervorgeht[103]; oder man versteht darunter den Sammelbegriff für die Vorgegebenheiten des Rechts[104] oder die den menschlichen Lebensverhältnissen vor aller Normsetzung innewohnende Ordnung, ihren Sinn und ihr Maß[105].

Eine Bindung des Gesetzgebers an die Natur der Sache bedeutet demnach, daß der Gesetzgeber bei der Normierung eines Gegenstandes an die Eigenart, an die Eigenschaften dieses Gegenstandes gebunden ist, d. h. bei einer Unternehmenssubvention dürfte z. B. die wirtschaftliche Eigenart eines durchschnittlichen Empfängerbetriebes nicht außer acht gelassen werden.

Eine Gefahr besteht darin, den Begriff der Natur der Sache einseitig mißzuverstehen, indem der Begriffsbestandteil „Natur" als Faktizität losgelöst von menschlicher Erkenntnis gesehen wird; so vertritt Radbruch die Ansicht, die Natur der Sache habe mit dem Naturrecht nichts zu tun, denn mit der Natur der Sache müsse die Natur des Menschen mitgedacht werden[106] — d. h. die Natur der Sache ist in gleicher Weise Ausdruck der Faktizität wie der Idealität[107]. Man kann den Begriff der

---

[101] Zur Philosophiegeschichte vgl. *Radbruch*, Natur der Sache; *Schambeck* passim — Ursprungsbegriffe φυσει δικαιον und rerum natura, vgl. Wolf S. 91 ff., *Bloch* S. 26; *Coing* S. 265.
[102] *Montesquieu* S. 1.
[103] *Dahm* S. 28 ff., 31.
[104] *Henkel* S. 288 ff.
[105] *Larenz* S. 389.
[106] *Radbruch*, Natur der Sache S. 158; vgl. *Coing* S. 177, 180 (juristische Anthropologie); kritisch zu Radbruchs weitem Begriff *Engisch*, Suche S. 234 (zur Problematik der vielfältigen Definitionen S. 232 ff.).
[107] *Schambeck* S. 143.

IV. Analyse der einzelnen Schranken des Willkürverbots

Natur der Sache umfassend definieren, wenn man unter Natur das vom Menschen her gedachte Wesen der Dinge versteht, oder aber ihn eng definieren und einen zweiten Begriff der Natur des Menschen danebenstellen[108], wobei die Natur des Menschen, oder wie man auch sagen könnte, die Idee des Rechts, die Vernunft, den Vorrang hätte[109].

Für den weiten wie den engen Begriff ist nicht mehr das bloße Sein bestimmend, sondern das „Wesen" der Dinge, das muß aber für den Juristen heißen, auch und gerade die bisherige rechtliche Regelung, die rechtlichen „Lebensverhältnisse"[110] — das wird von der herrschenden Meinung zu wenig beachtet.

Wenn es in concreto gilt, dem betreffenden wirtschaftlichen Bereich Maßstäbe zu entnehmen[111], so stellt sich die Frage, wieweit der Sachbereich das zu konkretisierende Recht beeinflussen soll (Normativität des Faktischen)[112] und wieweit umgekehrt die bestehende Rechtsordnung den zu regelnden Sachbereich beeinflußt (Faktizität der Normen)[113]. Dieses Spannungsverhältnis wird mit dem Begriff der Natur der Sache nicht gelöst, und er gibt somit keine eindeutige Antwort auf die Frage nach dem Inhalt der Sachgerechtigkeits-Schranke[114]. Daher wird kritisiert, der Maßstab der Sachgerechtigkeit sei kein subsumtionsfähiger Obersatz und damit kein justiziables Kriterium[115].

Das stimmt jedoch nur solange, wie die Sachgerechtigkeit nicht näher konkretisiert wird. Dies hat die Verfassungsrechtsprechung bisher versäumt, sie hat die Sachstrukturen zu selten konkret analysiert und Ordnungsmöglichkeiten erwogen[116], sie hat im übrigen, indem sie sich

---

[108] So *Radbruch*, Vorschule S. 20.
[109] Vgl. ebenda: Iurisprudentia divinarum et humanarum rerum (Natur der Sache), iusti et iniusti (Idee des Rechts) scientia.
[110] *Radbruch*, Natur der Sache S. 161; vgl. ders., Vorschule S. 22.
[111] Vgl. *Friauf*, Grenzen S. 38.
[112] Vgl. *Grimmer*, passim (S. 20 ff., Natur der Sache); Das markanteste Beispiel für die normative Kraft des Faktischen ist neben dem Verbot des venire contra factum proprium (s. u. F II b) der Gleichheitssatz, z. B. in dem Sinn, daß bei Unterstützung einer Gruppe eine andere Gleiches verlangt, *Hildegard Krüger* DVBl. 1955, S. 211 l. Sp. — Vgl. auch die Unbeachtlichkeit der protestatio facto contraria, den faktischen Vertrag, die Verkehrssitte im Handelsrecht und das Effektivitätsprinzip im Völkerrecht (ex facto ius oritur), wobei allerdings eine Grenze besteht („ex iniuria non oritur ius", *Menzel*, Universitas 1959, S. 633, *Seidl-Hohenveldern* S. 277). — Hier liegt ein Feld für die rechtssoziologische Tatsachenforschung.
[113] Vgl. die normative Kraft der Verfassung als Prinzip der Verfassungsinterpretation, *Hesse*, Verfassungsrecht S. 30.
[114] Nur eine Umformulierung, so *Podlech* S. 81; vgl. *Coing* S. 185 (die Natur der Sache bietet nur Hinweise, enthebt aber nicht der Entscheidung).
[115] *Ipsen*, Gleichheit S. 156; *Fuss* JZ 1959, S. 330 r. Sp.
[116] Wie z. B. in BVerfGE 9, 294 und 17, 30; vgl. *Zacher* AöR 93, S. 353.

auf eine nur traditionell bestimmte Natur der Sache berief, Besitzstände konserviert, statt der Verfassung eigenen Wert zu verleihen[117].

Es wäre nicht zuletzt Aufgabe der Rechtsprechung, die Komponente der Natur des Menschen stärker zu berücksichtigen und nicht nur sachgerechte, sondern vor allem menschengerechte Lösungen anzustreben[118].

b) Vernünftigkeit

Die kritische Zurückhaltung, die gegenüber dem vagen Begriff der Natur der Sache angebracht ist, muß auch für die „Vernünftigkeit" als Unter-Schranke der Sachgerechtigkeit gelten[119]. Nirgends wird näher ausgeführt, was damit gemeint ist — ob Vernunftgemäßheit im Sinne der Verstandesmäßigkeit (Rationalität) oder im Sinne der Vernunft als höherer Geistestätigkeit, die auf Einheit des Wissens und Handelns abzielt[120].

Auch bei Essers Vorschlag, Vernünftigkeit als Konsensfähigkeit zu verstehen[121], bleibt offen, von welchem Standpunkt aus eine Regelung vernünftig sein müsse, vom liberalen, vom sozialistischen oder von welchem auch immer[122]. Daß eine Differenzierung vernünftig sein müsse, soll wahrscheinlich nichts anderes heißen als die Forderung nach Sachgerechtigkeit. Da wir als eine Komponente der Natur der Sache und mithin der Sachgerechtigkeit die Vernunft erkannten, läßt sich die Kritik an diesen Schranken auch auf die Vernünftigkeit übertragen.

Damit ergibt sich, daß die Schranke der Sachgerechtigkeit mit ihren Unterbegriffen Natur der Sache und Vernünftigkeit keine ernsthafte Barriere für den Gesetzgeber darstellt: Nur völlig sinnlose Differenzierungen des Gesetzgebers können hier scheitern, die jedoch im demokratisch-bundesstaatlichen Gesetzgebungsverfahren, vgl. Art. 76 ff. GG, ohnehin nicht vorkommen[123].

2. Normzwecke

Einen entscheidenden Maßstab für die Wahl der Vergleichstatbestände und für die sachgemäße Abgrenzung des Kreises der Subventions-

---

[117] *R. Schmidt* JZ 1967, S. 403, 404 l. Sp.
[118] *Arndt* NJW 1961, S. 2154 r. Sp.
[119] Vernünftigkeit angesprochen in BVerfGE 1, 14, 52; 4, 31, 39; 10, 246; 27, 364, 371 u. a. — *Huber* II S. 217; ders. DÖV 1956, S. 175 l. Sp.
[120] *Brugger* S. 415.
[121] *Esser*, Vorverständnis S. 22 f. (Vernünftige Argumente haben die Chance, jenseits der privaten Absichten, Interessen und Vorurteile auf Einsicht zu treffen und akzeptiert zu werden.).
[122] *Zippelius* S. 34.
[123] *Fuss* JZ 1959, S. 331 r. Sp.; vgl. *Schmidt* JZ 1967, S. 402 l. Sp.; *Dicke* S. 74.

IV. Analyse der einzelnen Schranken des Willkürverbots

empfänger bildet der Zweck (bzw. die Zwecke) der Gesetzesnorm (ratio legis)[124], denn ist das Differenzierungsziel verfassungswidrig, so ist es auch die Differenzierung der Norm selbst[125], ebenso wie Subventionen, deren Zweck aufgehoben wird[126].

Welches der Normzweck ist, wird nicht immer leicht zu erkennen sein, bei Maßnahmegesetzen — und das sind Subventionsgesetze in der Regel[127] — jedoch leichter[128].

Wirtschaftspolitische Ziele sind nicht ohne weiteres zulässige Differenzierungsgründe, sondern müssen kritisch geprüft werden[129]. In der Literatur ist man über Äußerungen wie diese kaum hinausgekommen, daß der Zweck „natürlich erlaubt" sein müsse[130], daß aber „bestimmte Ziele" unzulässig seien[131]. Die Unzulässigkeit ist bei den ideologisch motivierten Diskriminierungen des Nationalsozialismus gewiß leichter zu erkennen, z. B. bei der Benachteiligung von Warenhäusern und Einheitspreisgeschäften gegenüber dem sonstigen Einzelhandel, von Privat- gegenüber Genossenschaftsmolkereien, von neuen gegenüber eingesessenen bäuerlichen Betrieben des „Reichsnährstandes", von privaten gegenüber öffentlichen Betrieben[132]. „Sicher unzulässig"[133] könnte man heute allenfalls die indirekte Selbstbegünstigung von Abgeordneten[134] oder z. B. die gezielte Subventionierung eines der Regierungspartei wirtschaftlich verbundenen Verlagsunternehmens nennen. Darüber hinaus ist die Schranke des Normzwecks in der verfassungsgerichtlichen Judikatur keineswegs effektiv geworden[135]; wie der Normzweck die Gestaltungsfreiheit des Gesetzgebers wirksam begrenzen kann, wird in Kapitel F zu zeigen sein.

---

[124] *Fuss* JZ 1959, S. 331 l. Sp.; *Wolff* III S. 221; vgl. *Henze* S. 102; *Hoppe* DÖV 1965, S. 552 l. Sp.; *Friauf*, Grenzen S. 37; ders. DVBl. 1966, S. 730 r. Sp.
[125] *Stein* S. 205.
[126] *Lange*, Verwaltung 1971, S. 274.
[127] *Bachof*, Grundgesetz S. 29.
[128] BVerfGE 4, 7, 18; *Hoppe* DÖV 1965, S. 348 l. Sp. — Zur besseren Erkennbarkeit sollte der Gesetzgeber den Subventionszweck eindeutig formulieren (*Eppe* S. 145, vgl. obiges Beispiel D I 2), sonst droht die Gefahr unübersehbarer Ansprüche, Institut „Finanzen und Steuern" S. 29.
[129] *Hamann*, Rechtsstaat S. 51; *Lerche*, Übermaß S. 228; vgl. *Fuss* JZ 1959, S. 331 l. Sp. (der Zweck kann für verfassungswidrig erklärt werden).
[130] *Geiger*, Gleichheitssatz S. 175.
[131] *Wittig* BB 1966, S. 386 r. Sp.
[132] Beispiele nach *Hamann*, Rechtstaat S. 57 f.; zum letzten Beispiel auch *Henze* S. 103.
[133] *Stein* S. 205.
[134] Vgl. den kritischen Hinweis auf eine „Selbstversorgung" der Abgeordneten in einem dissenting vote des BVerfG DVBl. 1972, S. 78 l. Sp.; — zur Begründung der Unzulässigkeit s. o. D III Fußn. 82.
[135] s. o. D II — Hingegen zog das BVerwG mehrmals den Normzweck von subventionsrechtlichen Verordnungen heran (Gasöl-Verordnung), vgl. BVerwG MDR 1959, S. 1037; WM 1962, S. 379; DÖV 1962, S. 388.

3. Gerechtigkeit

Immer wieder ist in den Entscheidungen des Bundesverfassungsgerichts im Anschluß an Leibholz[136] die Rede vom (naturrechtlichen) Gerechtigkeitsmaßstab, dem Wertmaßstab und Ziel des positiven Rechts[137], und zwar nur als zusätzliche Schranke, d. h. ein Gesetz dürfe nicht unter dem allgemeinen Gerechtigkeitsgesichtspunkt geprüft und damit die Gerechtigkeitsauffassung des Gesetzgebers durch die des Gerichts substituiert werden[138].

Kritisch ist anzumerken, daß dann, wenn die Gleichheit als Teilinhalt[139], als Kern[140] des Gerechtigkeitspostulats aufgefaßt wird (Gerechtigkeitsminimum)[141], die Gleichheit eine Determinante der Gerechtigkeit ist und folglich die Gerechtigkeit nicht per definitionem Schranke der Gerechtigkeit sein kann (Zirkel)[142].

Wird diese Ansicht vom Verhältnis der Gleichheit zur Gerechtigkeit nicht geteilt (gegenseitige Abhängigkeit?), so ist eine zweite kritische Bemerkung zu machen, nämlich daß der Gerechtigkeitsmaßstab zu unbestimmt und vage geblieben ist; es fehlen überzeugende Beispiele für gelungene Konkretisierungen der Verfassungsrechtsprechung[143], d. h. aber auch dieser Maßstab ist zu weit, durch seine Maschen kann jedes Gesetz schlüpfen. Daher ist es eine noch zu lösende Aufgabe, den Gerechtigkeitsmaßstab effektiver zu machen, um seinem Rang gerecht zu werden[144].

Ein beachtlicher Vorschlag wurde von Hesse und Arndt vorgelegt, den Gleichheitssatz als materielles Gerechtigkeitsgebot mit der Würde

---

[136] *Leibholz,* Gleichheit S. 246.

[137] *Radbruch,* Vorschule S. 24; vgl. *Bloch* S. 52 (Gerechtigkeit nicht nur kritische Apologie der positiven Gesetzgebung, sondern Kritik!).

[138] BVerfGE 3, 162, 182; vgl. 1, 264, Leits. 3 (= S. 275 f.); 27, 220, 227; — *W. Böckenförde* S. 61, zustimmend S. 72; vgl. *Ballerstedt,* Maßnahmegesetze S. 387 (und Fußn. 40).

[139] *Raiser* ZHR 111, S. 100; *W. Böckenförde* S. 57, 71; *Pöttgen* S. 51.

[140] *Radbruch,* Vorschule S. 24; — d. h. aber keine Identität: Ungerecht, aber nicht ungleich ist es z. B., wenn alle gleichmäßig zu hoch besteuert werden, *Ballerstedt,* Wirtschaftsverfassungsrecht S. 39.

[141] *Dicke* S. 125.

[142] *Podlech* S. 82 f.

[143] Über Aristoteles' Unterscheidung von iustitia distributiva und iustitia commutativa (vgl. *Radbruch,* Einführung S. 36; *Henkel* S. 310) ist man noch nicht hinausgekommen. — Auch das allgemeine Billigkeitsprinzip geht nach BVerfGE 15, 126, 146 nicht über den allgemeinen Gleichheitssatz hinaus, obwohl es der Korrektur der allgemeinen Gesetzesgerechtigkeit dient, so *E. Schneider* S. 327, vgl. dazu *Engisch,* Suche S. 180 ff.

[144] Vgl. *Eb. Schmidt,* Gesetz und Richter S. 8 (gegen krasses Utilitätsdenken des Gesetzgebers); *Bellstedt* DÖV 1961, S. 166, Anm. 66; *Stern* DÖV 1961, S. 329 l. Sp.

IV. Analyse der einzelnen Schranken des Willkürverbots

des Menschen (Art. 1 I GG) als zentralem Wert zu interpretieren[145]. Diese Interpretation mag in einigen Fällen zwar praktikabel sein, z. B. kann bei der Verteilung lebenswichtiger Güter eine schematische Parität (arithmetische Gleichheit) nach Art. 1 I GG angebracht sein[146].

Im allgemeinen bleibt jedoch die Schwierigkeit bestehen, daß der Gerechtigkeitsmaßstab als Wertmaßstab nicht in abstracto definierbar[147], sondern nur im Einzelfall konkretisierbar ist. Auch das wird gerade bei subventiven Maßnahmegesetzen nicht immer gelingen, weil sie primär als politische Lenkungsakte, nicht wie klassische Normgesetze (leges generales) zur Verwirklichung der Gerechtigkeit bestimmt sind[148].

Da die Gerechtigkeit keine feste Grenze bietet, kann somit dem Bundesverfassungsgericht zugestimmt werden, wenn es meint, der Gesetzgeber könne sich bei einem Widerstreit von Gerechtigkeit und Rechtssicherheit frei für das eine oder andere entscheiden, nur dürfe die Rechtssicherheit — und wohl entsprechend die Gerechtigkeit — in einem Fall nicht jede Bedeutung verlieren[149].

4. Das allgemeine Rechtsbewußtsein

In einigen Entscheidungen stellt das Bundesverfassungsgericht maßgeblich auf das allgemeine Rechtsbewußtsein als Maßstab der Gleichheitsmäßigkeit ab[150].

Das allgemeine Rechtsbewußtsein bezieht sich auf die Natur der Sache, den Normzweck und die Gerechtigkeit. Man kann sagen, daß das allgemein gehaltene Willkürverbot geradezu das Einströmen von

---

[145] *Hesse* AöR 77, S. 202 ff.; *Arndt* NJW 1961, S. 2154 r. Sp.; vgl. schon *Leibholz*, Gleichheit S. 252. — Es läßt sich aber nicht belegen, daß der Willkürbegriff der herrschenden Meinung, wie *Dürig* Sp. 987 meint, ohnehin an Art. 1 I GG orientiert sei. — Vgl. auch *Stein* S. 218 f.
[146] *Hesse* AöR 77, S. 221; vgl. *Maunz-Dürig-Herzog*, Rdnr. 12 zu Art. 1 GG (unterschiedslose Egalität).
[147] *E. Schneider* S. 6; Gerechtigkeit ist ihrem Wesen nach offen, *Dahm* S. 15. — Insofern ist Gerechtigkeit nicht abstrakt „erlernbar", vgl. den Wahlspruch „Discite iustitiam moniti" der juristischen Fakultät der Universität Kiel (nach Vergil, Aeneis VI, v. 620 = S. 256).
[148] *Bachof*, Kontrollfunktion S. 38.
[149] BVerfGE 15, 313 (Leits.) und S. 319.
[150] BverfGE 1, 208, 249 (der Grad der zulässigen Differenzierungen bestimmt sich nach den Wertungen, die im Rechtsbewußtsein der Gemeinschaft lebendig sind); 3, 58, 136 (allgemeine Gerechtigkeitsempfindungen); 4, 219, 246; 6, 84, 94 (allgemeine Rechtsüberzeugung); 9, 338, 349; — vgl. *Paulick*, Grundgesetz S. 100 (Konkretisierung des Willkürverbots durch die communis opinio aller billig und gerecht Denkenden); vgl. ferner *Wieacker* S. 13 (vox populi vox Dei); *Zippelius* S. 131 ff.; *Henkel* S. 428 ff., 436; vgl. *Bloch* S. 16 ff. (kritisch zum Rechtsgefühl); *Larenz* S. 225 (consensus omnium als Auslegungshilfe).

allgemeinen Gerechtigkeitserwägungen ermöglicht[151] und daß sich das Willkürverbot letztlich auf das im allgemeinen Rechtsbewußtsein verankerte Gerechtigkeitsminimum bezieht[152].

Das Bundesverfassungsgericht greift bemerkenswerterweise dann auf das allgemeine Rechtsbewußtsein zurück, wenn es in einer Entscheidung die Verfassungswidrigkeit begründen will[153] und sich ausreichende Argumente für eine fehlende Sachgerechtigkeit nicht einstellen wollen; das heißt aber, das Gericht bleibt selbst nicht bei dem reinen Willkürverbot stehen und erweist so dessen Fragwürdigkeit[154].

Wie steht es nun mit dem Maßstab des allgemeinen Rechtsbewußtseins? Leibholz hielt es deshalb für ein zuverlässiges Kriterium, weil die Gemeinschaft trotz ihrer Vielfaltigkeit eine „geistige Einheit vernünftiger Wesen" sei[155]. Dagegen läßt sich einwenden, daß es ein *allgemeines* Rechtsbewußtsein gerade im Bereich der Wirtschafts- und Subventionspolitik weniger gibt als möglicherweise in anderen Bereichen, weil die Beurteilung von Gesetzen durch finanziell Begünstigte, Benachteiligte und Nichtbetroffene durchaus nicht einheitlich zu sein pflegt[156]. Da das Bundesverfassungsgericht sich aber darauf beruft, müßte es auch die Existenz eines allgemeinen Rechtsbewußtseins im Einzelfall nachweisen.

Es bleibt jedoch unklar, wie die Rechtsprechung die „Gerechtigkeitsvorstellungen der Gemeinschaft" herausdestilliert[157]: Von empirisch-statistischen Untersuchungen (demoskopischen Befragungen z. B.) ist nichts bekannt.

So erweist sich der Rückgriff auf das allgemeine Rechtsbewußtsein im Grunde als Verzicht auf eine nachprüfbare Argumentation, denn zugrundegelegt wird letztlich nicht ein imaginärer „Volksgeist", sondern das Rechtsbewußtsein des erkennenden Senats bzw. der Mehrheit seiner Mitglieder[158].

Auch die Schranke des allgemeinen Rechtsbewußtseins ist also inhaltsleer: Zulässig sind die Differenzierungen, die für zulässig erachtet werden[159] — das Willkürverbot und seine Schranken stehen in der Tat auf „schwankendem Boden"[160].

---

[151] *Herzog*, Wirtschaftsverfassungsrecht Sp. 701.
[152] *Mertens* S. 46.
[153] *Fuss* JZ 1959, S. 332 l. Sp.
[154] *Mertens* S. 56, Fußn. 121.
[155] *Leibholz*, Gleichheit S. 61.
[156] *Hesse* AöR 77, S. 217 (Pluralismus des Rechtsbewußtseins).
[157] *Zacher* AöR 93, S. 355.
[158] Vgl. in diesem Zusammenhang *Esser*, Vorverständnis S. 21 f.
[159] *Podlech* S. 79.
[160] *Fuss* JZ 1962, S. 601 l. Sp.

E. Kritik und Konkretisierung des Willkürverbots

„Kaum irgendwo bestehen in einem so hohen Maße Bedürfnis und Notwendigkeit, den Grundsatz der Gleichheit vor dem Gesetz zu wahren, wie gerade bei der Verteilung öffentlicher Leistungen[1]."

I. Kritik des Willkürverbots

Nach knappen kritischen Anmerkungen zu den einzelnen Schranken soll nun eine zusammenfassende Gesamtkritik des Willkürverbots unternommen werden.

1. Abbau der Gesetzesgläubigkeit

Die Willkürformel des Bundesverfassungsgerichts geht vor allem auf Leibholz zurück[2], der sie aus der amerikanischen[3] und Schweizer[4] Rechtsprechung übernahm. Der geistesgeschichtliche Ursprung dürfte in der vernunftgläubigen Aufklärungszeit liegen, für die Montesquieus Wort bezeichnend ist: „La Loi en général est la Raison humaine..."[5]; vgl. in diesem Sinne Hegel, der das Gesetz sinngemäß als Ausdruck der Vernunft bezeichnete[6]. Die These des Bundesverfassungsgerichts und der herrschenden Meinung ist im Grunde trotz der damaligen[7] und heutigen Ablehnung der traditionellen Lehre von der Exemtion des Gesetzgebers vom Gleichheitssatz von dieser überkommenen Vorstellung immer noch abhängig, nach welcher der Gesetzgeber über dem Recht stehe und

---

[1] *Götz* S. 264, Fußn. 66.

[2] Vgl. 1. Aufl. der *Leibholz*schen Dissertation („Gleichheit") von 1925, S. 87 und 2. Aufl. S. 8; z. B. S. 76 (kein vernünftiger Grund), S. 89 (sachfremd), S. 187 (nicht ernsthaft diskutabel).

[3] Vgl. die preferred freedoms-Doktrin und den rational basis-Test des Supreme Court der USA, vgl. *Ehmke*, Wirtschaft S. 437 ff. (424), 663 (zustimmend); aber *Kutscher* S. 241 (BVerfG davon nicht beeinflußt).

[4] *Rüfner*, Staat 7, S. 46.

[5] *Montesquieu* S. 5 (1. Buch, 3. Kap.); vgl. *Bachof*, Kontrollfunktion S. 37, Fußn. 2.

[6] *Hegel* S. 12 f. (z. B.: das Gesetz sei die Vernunft der Sache).

[7] In der Weimarer Zeit wandten sich Leibholz und andere gegen den Gesetzespositivismus und einem Rechtsidealismus zu (*Leibholz*, Gleichheit S. 164) und stellten das Recht keineswegs zur Disposition des Gesetzgebers (ebenda S. 124).

infolgedessen eines Rechtsbruchs nicht geziehen werden könne und dürfe[8].

Gegen diese Gesetzesgläubigkeit spricht entscheidend die Erfahrung totalitaristischer Gesetzesperventierung[9]: Auch gegenüber dem demokratischen Gesetzgeber ist eine kritische und zweifelnde Haltung angebracht[10]. Darum kann der gängigen Formel von der vermuteten Verfassungsmäßigkeit der Gesetze (in dubio pro lege)[11] nicht zugestimmt werden; ein solcher „negativer Test"[12] mit einem „benefit of doubt"[13] (Vertrauensvorschuß) wäre eine klare Abwertung des Grundrechts der Gleichheit[14].

2. Das richterliche Prüfungsrecht

Etwaige Bedenken gegen ein zu weitgehendes Prüfungsrecht der Rechtsprechung brauchen nicht im gleichen Maß gegen eine engere Bindung des Gesetzgebers an den Gleichheitssatz zu sprechen, denn die Frage der materiellen Bindung und die Frage der justiziellen Nachprüfbarkeit sind theoretisch zu unterscheiden[15].

Schon in der Weimarer Zeit war die Mehrheit der Befürworter einer Rechtsetzungsgleichheit auch für ein richterliches Prüfungsrecht gegen-

---

[8] Vgl. *Arndt* NJW 1961, S. 2154 l. Sp. — Von der herrschenden Meinung wurde die Bindung des Gesetzgebers überhaupt schon als mutiger Schritt nach vorn empfunden, daher ließ sie die geringe Bindung durch weite Schranken genügen, vgl. oben D I 3 a.

[9] s. o. D I 1, Fußn. 2.

[10] Vgl. *Bachof*, Grundgesetz S. 26; *Maunz-Dürig-Herzog* Anm. 63 zu Art. 20 mwN.; *Luhmann* S. 167 (wachsendes Mißtrauen gegenüber dem Gesetzgeber).

[11] *Leibholz*, Gleichheit S. 83; BVerfGE 2, 266, 282; 7, 377, 412; 9, 338, 350 (Regelmäßig spricht bei einer Berufsregelung die Vermutung so sehr für die Verfassungsmäßigkeit einer Differenzierung des Gesetzgebers, daß die Gleichheitsprüfung geradezu verfehlt sein kann [!]); ebenso *Wittig* BB 1969, S. 388 l. Sp.; vgl. *Dahm* S. 32; *Hesse*, Verfassungsrecht S. 33; *Meder* S. 62 f. (als Ausdruck der Kontinuität); *Maunz-Dürig-Herzog* Anm. 63 zu Art. 20; vgl. den favor actus publici: favor legis (*Göldner* S. 45); vgl. die abweichende Ausnahme in BVerfGE 4, 219, 246 und 13, 331, von *Fuss* (JZ 1959, S. 334 r. Sp. und JZ 1962, S. 741 r. Sp., 742 r. Sp.) „Umkehr der Argumentationslast" genannt. —
Gegen die Vermutung *Bachof*, Kontrollfunktion S. 26 ff.; *Arndt* NJW 1961, S. 2154 r. Sp.; *Göldner* S. 44 f. (nur Normerhaltungspostulat); zweifelnd *Geiger*, Verfassungsgerichtsbarkeit S. 126.

[12] *Wiethölter*, Rechtswissenschaft S. 260.

[13] *Ipsen*, Wertpapier 1955, S. 388 l. Sp. — In diesem Sinn das BVerfG, indem es die „Argumentationslast" übernimmt (*Fuss* JZ 1959, S. 331 r. Sp., JZ 1962, S. 600 l. Sp.). *Podlech* will sogar den Inhalt des Gleichheitssatzes auf eine formale Argumentationslastregel (Begründungszwang) reduzieren (wohl nach *Luhmann* S. 169, 171).

[14] *Hamann* NJW 1955, S. 969 r. Sp., S. 970 l. Sp.; vgl. *Herbert Krüger*, Grundgesetz S. 11; *Ipsen*, Verbot S. 43.

[15] Schon *Leibholz*, Gleichheit S. 222.

I. Kritik des Willkürverbots

über dem Gesetzgeber[16]. Heute wird am Prüfungs- und Verwerfungsrecht des Bundesverfassungsgerichts, insbesondere bei Verfassungsbeschwerden (Art. 93 I Nr. 4 a GG) und konkreten Normenkontrollverfahren (Art. 100 I GG) nicht gezweifelt[17]. Voraussetzung ist, daß die Grenzen der Verfassung eingehalten werden, vor allem das Prinzip der Gewaltenteilung, Art. 20 II GG, nach dem die Rechtsprechung nicht in den Kernbereich des Gesetzgebers eingreifen darf[18]. Die bei der Anwendung des Gleichheitssatzes erforderliche Konkretisierung unbestimmter Rechtsbegriffe ist eine typische Aufgabe der Rechtsprechung[19] und kein Verstoß gegen das Gewaltenteilungsprinzip[20]. Nur eine über die normale rechtspolitische Aufgabe[21] evident hinausgehende, Zweckmäßigkeitsfragen beurteilende Rechtsprechung könnte mit dem Grundsatz der Gewaltenteilung in Konflikt kommen[22]. Nur dann könnte die Frage akut werden, ob — nach der Juridifizierung der Subventionspolitik[23] — eine Politisierung der Justiz (im negativen Sinn) drohe[24]. Soweit zum Umfang des richterlichen Prüfungsrechts. — Die materiellrechtliche Bindung des Gesetzgebers kann man sich enger vorstellen: Der Gesetzgeber hat die Pflicht, möglichst gerechte, sachgemäße und zweckentsprechende Gesetze zu schaffen[25]. Diese Pflicht kann er verletzen (d. h. es können Zweifel darüber auftauchen, ohne daß dies aus praktischen Gründen vom Bundesverfassungsgericht nachgeprüft werden kann und soll.

Bei dieser theoretischen Inkongruenz von materieller und justizieller Bindung wird die engere materielle Bindung keineswegs praktisch sinnlos, denn von einem Parlament kann erwartet werden, daß es schwerwiegenden Bedenken der juristischen Öffentlichkeit, die während der Gesetzesberatungen vorgebracht werden, durch rechtzeitige Korrekturen Rechnung trägt[26]. Oder auf eine vereinfachte Formel gebracht: Recht ist

---

[16] *Rümelin* S. 14.
[17] Vgl. *Göldner* S. 237 (Nr. 8); Art. 100 GG spreche für die letztinstanzliche richterliche Befugnis zur Verfassungskonkretisierung.
[18] *Maunz-Dürig-Herzog* Anm. 81 zu Art. 20 GG; vgl. *Spanner* DÖV 1972, S. 220 r. Sp.
[19] Vgl. *Zippelius* S. 40.
[20] *Göldner* S. 236, Nr. 7.
[21] *Esser*, Vorverständnis S. 196.
[22] Kritisch in diesem Sinn *Forsthoff*, Staat S. 132; a. M. *Leibholz*, Gleichheit S. 181.
[23] *Ipsen*, Subventionierung S. 11.
[24] *Schmitt* S. 119; *Bachof*, Grundgesetz S. 41; *Dahm* S. 347; — vgl. aber *Wassermann* DRiZ 1970, S. 79 f., der mit Recht die politische Funktion des Rechts hervorhebt und die Fiktion einer unpolitischen Justiz aufdeckt.
[25] *Hesse*, Verfassungsrecht S. 177.
[26] Vgl. die Bejahung des Rechtsschutzinteresses bei Feststellungsklagen (§ 256 ZPO) gegen die öffentliche Hand, weil erwartet werden kann, daß diese

nicht nur das, was einklagbar ist[27], sondern Rechtssätze — vgl. z. B. das Völkerrecht[28] — können sich auch mit indirekter Sanktion begnügen (wissenschaftliche Kritik, öffentliche Meinung, Wählerreaktion).

In diesem Zusammenhang geht es nur um die engere materielle Bindung des Gesetzgebers, die freilich tendenziell auch eine stärkere justizielle Kontrolle mit sich bringen kann.

3. Subsumtionsfähigkeit des Gleichheitssatzes

Die Rechtsprechung des Bundesverfassungsgerichts über den weiten Spielraum des Gesetzgebers bei Art. 3 I GG beruht nach Ansicht einiger Autoren auch auf der Erkenntnis, daß die Entscheidung über Ziele und Mittel der Wirtschaftspolitik kein Subsumtionsvorgang, sondern ein politischer Willensakt sei, eine zu respektierende Wertentscheidung des Parlaments[29]. Ähnlich kritisiert Fuss, der Gleichheitssatz sei notwendig subjektiv und nicht geeignet, eine objektive Gleichheitsprüfung zu ermöglichen, daher müsse die erforderliche Willensentscheidung in erster Linie vom Gesetzgeber getroffen werden[30].

Richtig an solcher Kritik ist, daß die Entscheidung über Ziele und Mittel der Wirtschaftspolitik *auch* eine politische Entscheidung ist und daß der Gleichheitssatz in der Tat für eine unmittelbare Subsumtion nicht geeignet ist, vielmehr erst vom Richter konkretisiert werden muß, d. h. es muß erst ein Obersatz gebildet werden, um einen Syllogismus zu ermöglichen. Eine solche partielle richterliche Rechtsschöpfung kann aber nicht als pure Wertung im Gegensatz zur schulmäßigen Subsumtion bezeichnet werden[31], denn die Subsumtion nach Ausfüllen der unbestimmten, normativen[32] Rechtsbegriffe (gleich, wesentlich ungleich sowie konkretere Unterbegriffe[33]) ist ein Subsumtionsakt wie andere auch und bietet keinen Raum für volitive Ermessensentscheidungen[34].

---

auch ohne an sich erforderliches Leistungsurteil freiwillig zur Leistung bereit sein würde, vgl. RGZ 129, 31, 34; 152, 193, 198; danach BVerwG 36, 179 (181 f.) einschränkend zu § 43 II VerwGO.

[27] Vgl. *Coing* S. 279 (nicht notwendig Zwangscharakter).
[28] *Henkel* S. 82 ff. (99); *Seidl-Hohenveldern* S. 5.
[29] *Koenigs* Juristische Analysen 1970, S. 590; vgl. *Scheuner*, Wesen S. 225, 260 (politisch schöpferisch im Unterschied zur Sphäre des Rechts); *v. Münch* AöR 85, S. 296 (Entscheidungsfreiheit des Parlaments); *Ipsen*, Gleichheit S. 170.
[30] *Fuss* JZ 1959, S. 335 l. Sp. und JZ 1962, S. 744 r. Sp., 566 l. Sp.
[31] Vgl. *W. Böckenförde* S. 78 f.; *Zippelius* S. 33; *Badura* AöR 92, S. 395, 399; *Scholler* S. 33 (Dezision des BVerfG statt Subsumtion); *Forsthoff*, Staat S. 136, 146 (Wertung, daher könne das BVerfG nicht über Leerformeln hinauskommen); — gegen diese Auffassung der Gleichheit als Wert *Luhmann* S. 168 (ff.).
[32] *Dahm* S. 62.

Der allgemeine Gleichheitssatz ist nicht von einer so offenen Struktur, daß er theoretisch regelmäßig mehrere gleichermaßen „richtige" Lösungen zuließe, das ist bei konsequenter Anwendung aller juristischen wie hilfswissenschaftlichen Erkenntnismittel der Sozial- und Wirtschaftswissenschaften kaum denkbar[35], denn: nicht alle möglichen Alternativen werden sämtliche Einzelschranken des Gleichheitssatzes einhalten, z. B. werden nicht alle gleich sachgerecht sein. Die weniger sachgerechte Lösung ist als unsachgerecht zu betrachten. Man mag den Gleichheitssatz rechtslogisch als „Rechtsgrundsatz" bezeichnen[36] oder seine „formale Struktur" hervorheben[37], sollte ihm damit aber nicht zugleich die Subsumtionsfähigkeit absprechen[38], denn alle Auslegungen und Subsumtionen enthalten Elemente der Wertung[39], es gibt nur graduelle Unterschiede, und eine Wertbezogenheit der Rechtsfindung schließt die Rationalität des Begründungsstils nicht aus[40].

4. Subjektivität des Willkürverbots

Nachdem dargelegt wurde, daß der allgemeine Gleichheitssatz an sich keine bloße subjektive Wertung erfordert, kann nun die tatsächliche Subjektivität der herrschenden Willkürverbots-Theorie kritisiert werden. Das vielleicht gewichtigste Argument gegen die Beschränkung des Gleichheitssatzes auf ein Willkürverbot ist der Einwand des „demokratischen Relativismus"[41], wie man ihn nennen könnte. Man muß von der rechtsphilosophiegeschichtlichen Ursache dieser Beschränkung ausgehen, der Scheu nämlich vor einem Rückfall in das Naturrecht[42]. Im Grunde enthält aber das Willkürverbot in negativer Formulierung ebenfalls einen materiellen Gerechtigkeitsbegriff, mit dem ein „Naturunrecht" ins Spiel kommt. Wenn aber der Willkürbegriff nicht definierbar[43], sondern

---

[33] z. B. in BVerfGE 9, 338 (s. u. E III 2 b) Unterbegriffe Heilberuf (gleich), Verantwortungsbewußtsein (ungleich).
[34] *Hamann*, Wirtschaftsverfassungsrecht S. 93; ders. NJW 1957, S. 4 l. Sp.; *Hamann-Lenz* S. 158 (B 4 b zu Art. 3).
[35] *Hamann* NJW 1957, S. 4 r. Sp.
[36] BVerfGE 7, 377, 404 (im Unterschied zu Art. 12 GG); *W. Böckenförde* S. 78 f.; *R. Schmidt* JZ 1967, S. 402 r. Sp.; *Göldner* S. 235, Nr. 1.
[37] *Selmer* S. 361.
[38] *W. Böckenförde* S. 78 f.; *Göldner* S. 144 (= S. 236 Nr. 6): Konkretisierungsspielraum.
[39] Vgl. *Wieacker* S. 6; *Coing* S. 327 (bei normativen Begriffen); *Geiger*, Verfassungsgerichtsbarkeit S. 124 (Auslegung unbestimmter Rechtsbegriffe ist Wertung), S. 125 (Gleichheitssatz ohne Wertungen nicht anwendbar).
[40] *Göldner* S. 93.
[41] *Scholler* S. 34.
[42] *Leibholz*, Gleichheit S. 73.
[43] Ebenda.

variabel[44] ist, wird die jeweilige subjektive Auffassung des Interpreten zum Maßstab des Gleichheitssatzes[45]. Dieser Relativismus zeigt sich deutlich in manchen Entscheidungen des Bundesverfassungsgerichts, in denen sich ebenso überzeugend der entgegengesetzte Standpunkt hätte vertreten lassen, wenn bei der Bildung von Vergleichstatbeständen und bei der Interessenbewertung nur ein Akzent etwas verschoben worden wäre[46].

Um die Subjektivität der Gerechtigkeitsbindung zu vermeiden, ersetzte die herrschende Lehre sie ungewollt durch die Subjektivität des Willkürverbots[47]. Da aber das Bundesverfassungsgericht nicht über die allein richtigen Willkür-Maßstäbe verfügt, sollte es seine Vorstellungen von Sachgemäßheit und Gerechtigkeit nicht einfach an die Stelle der gesetzgeberischen Erwägungen setzen[48], die eine größere demokratische Legitimation für sich in Anspruch nehmen können.

Einerseits hält sich die Rechtsprechung an die vom Gesetzgeber gesetzten Ziele gebunden[49], andererseits — wenn sie eine Norm nicht gelten lassen möchte — wählt sie den ihr passend scheinenden Maßstab und schafft mit dieser Beliebigkeit Rechtsunsicherheit[50].

Es ist dem Bundesverfassungsgericht nicht gelungen, den Gleichheitssatz durch effektive Schranken zu konkretisieren; die einzelnen Schranken bringen nur eine Verlagerung der Probleme mit sich[51]. So erweisen sie sich als weder hinreichende noch notwendige Bedingungen für die jeweilige Entscheidung[52], und die Erklärung des Willkürverbots durch diese Schranken kommt einer petitio principii nahe[53].

---

[44] Ebenda S. 112, 249; so auch *Raiser* ZHR 111, S. 78, 99 (für Gerechtigkeit und Gleichheit).
[45] Vgl. *Arndt* NJW 1961, S. 2154 l. Sp.
[46] *Fuss* JZ 1959, S. 335 l. Sp., 334 r. Sp.; z. B. BVerfGE 4, 219 (s. o. E I 2, Fußn. 11): Hier wäre eine Höherbewertung des Staatsinteresses gegenüber dem Individualinteresse möglich gewesen.
[47] *W. Böckenförde* S. 50; vgl. *Hueck* S. 182; *Zippelius* S. 38; *Ipsen*, Gleichheit S. 166; vgl. *Hesse* AöR 77, S. 216; *Zacher* AöR 93, S. 344 (nicht berechenbar); *Podlech* S. 17 (nicht überprüfbar).
[48] *Scholler* S. 23; vgl. *Paulick*, Grundgesetz S. 99 (allerdings betr. „Ermessens"); *Ipsen*, Gleichheit S. 184 (ff.): Besserwisserei des BVerfG, Erkenntnisgrenzen (S. 188); *Herbert Krüger* DÖV 1971, S. 395 l. Sp.
[49] *Scholler* S. 49; vgl. *W. Böckenförde* S. 50 (kaum ein Gesetz, für das sich nicht ein sachliches Motiv finden ließe); *Steindorff* S. 2 (Mangels einer Beschränkung der Differenzierungsgründe hat der Gleichheitssatz in Form des Willkürverbots geringe praktische Bedeutung.); *Zacher* AöR 93, S. 352 (Das BVerfG schließt sich dem Ansatz des Gesetzgebers an, es kann nur Versehen in der Durchführung des gesetzgeberischen Ansatzes korrigieren.).
[50] *Klein* S. 140, 162.
[51] Vgl. *Fuss* JZ 1962, S. 601 r. Sp.
[52] *Podlech* S. 17.
[53] *Raiser* ZHR 111, S. 77 (Zirkelschluß); *Ipsen*, Gleichheit S. 153 (und: geronnene Theorie).

Aus dieser Erkenntnis und aus der gesamten Kritik des Willkürverbots heraus (s. o. E I) läßt sich die These vom äußerst weiten Spielraum des Gesetzgebers bei Art. 3 I GG nicht halten. Diese These mißachtet überdies den Rang des Gleichheitssatzes als fundamentaler Staatsgrundsatz. Dieser Rang folgt daraus, daß der überpositive Gleichheitssatz der Verfügungsgewalt auch des Verfassungsgesetzgebers entzogen ist[54], vgl. Art. 79 III GG, so daß Ausnahmen und Durchbrechungen aus noch so gewichtigen politischen Gründen schlechthin unzulässig sind[55]. Die extrem weite Auslegung des Gleichheitssatzes entwertet ihn und läßt ihn leerlaufen[56]: Die prinzipielle Gebundenheit des Gesetzgebers (Art. 1 III, 20 III GG) wird in prinzipielle Ungebundenheit verkehrt[57].

Aus diesen Bedenken heraus ist es verständlich, daß die Rechtsprechung selbst schon eine zögernde Neigung zeigt, hier und da über das sterile Willkürverbot hinauszugehen (ein Aufgeben ist nicht erforderlich[58]!) und etwa den Gleichheitssatz durch das Postulat der Chancengleichheit zu konkretisieren.

II. Konkretisierungsversuche

1. Gleichheit als aequitas und égalité

a) Gleichheit als aequitas

Die Gleichheitskomponente der seit dem Altertum bekannten aequitas („suum cuique") bedeutet das Gebot verhältnismäßig gleicher Behandlung bzw. das Verbot ungleicher Behandlung („geometrische Gleichheit"). Götz hat diesen Ansatz fortzuführen versucht[59]. Er unterscheidet zunächst Subventionen im rein wirtschaftlichen Bereich von Subventionen mit sozialpolitischen Zwecken. Auf die letzteren ist im Zusammenhang mit dem Sozialstaatsprinzip einzugehen (s. u. F II 2 c). Bei den wirtschaftspolitischen Subventionen ist wiederum zwischen den Gruppen- und Individual-Differenzierungen zu unterscheiden: Bei jenen habe der Gleichheitssatz nur eine geringe Bindungskraft, der Gesetzgeber könne sich z. B. frei für die Förderung des Steinkohlenbergbaus und gegen

---

[54] Ein ungeschriebener Verfassungsgrundsatz, vgl. BVerfGE 6, 84 (1. Leits.); *Friauf*, Grenzen S. 37 f.
[55] *Hamann*, Wirtschaftsverfassungsrecht S. 91; vgl. *Leibholz*, Gleichheit S. 124; *Hamann*, Rechtsstaat S. 51; ders.; NJW 1957, S. 3 l. Sp.; BGHZ 9, 34, 44 (Rechtsgleichheit zum ordre public aller Kulturnationen).
[56] *Pöttgen* S. 48 — das wäre unzulässig, BVerfGE 6, 40; 7, 403 f.
[57] *Hamann* NJW 1955, S. 970 und NJW 1957, S. 4 l. Sp.
[58] Vgl. *Mertens* S. 51.
[59] *Götz* S. 265 ff.

das Heizöl entscheiden; insoweit bejaht Götz die These vom weiten Spielraum des Gesetzgebers.

Bei den Differenzierungen im einzelnen sei der Gesetzgeber stärker an den Gleichheitssatz gebunden[60], man könnte es damit begründen, daß das Grundrecht der Gleichheit primär ein Individualrecht und erst in zweiter Linie ein Gruppenrecht ist. Götz weist darauf hin, daß der Gesetzgeber bei der Ausgestaltung einer Subventionsmaßnahme im Detail stärker gebunden sei, z. B. dürfe ein einzelnes Unternehmen nicht gegenüber allen anderen ausgeschlossen werden[61]. Dieser Gedanke ist daraus abzuleiten, daß der Gesetzgeber nach eigener Festlegung stärker gebunden ist als vor der ersten Regelung eines Rechtsgebiets, worauf im Zusammenhang noch einzugehen ist[62].

b) Gleichheit als égalité

Eine zweite Ausprägung des Gleichheitsgedankens ist die égalité der Französischen Revolution, die staatsbürgerliche, demokratische Gleichheit[63], wie sie zumal im Wahlrecht gilt[64]. Subventionsgesetze können den allgemeinen Gleichheitssatz in dieser Komponente z. B. dadurch verletzen, daß Wahlgeschenke an politisch besonders einflußreiche Verbände (gewissermaßen mit Staatsmacht beliehene Verbände[65]) gemacht werden, die daraufhin ihre Mitglieder zu einem bestimmten Wahlverhalten bewegen.

Ein solches — vielleicht als „neofeudalistisch" zu bezeichnendes Vorgehen[66] — wäre jedoch nicht ohne weiteres verfassungswidrig, sondern könnte etwa durch das Sozialstaatsprinzip gerechtfertigt sein[67].

Praktisch wird aber die staatsbürgerliche Gleichheit von wirtschaftspolitischen Gesetzen nur in Ausnahmefällen tangiert werden[68] und stellt daher keine effektive konkrete Schranke für den Subventionsgesetzgeber dar.

Beide Ansätze (aequitas und égalité) führen also nicht viel weiter, ebensowenig wie der arbeitsrechtliche Gleichbehandlungsgrundsatz, der entgegen manchen Auffassungen[69] in Wahrheit nicht über das Willkür-

---
[60] So auch *Scheuner*, Wirtschaftslenkung S. 79; *Friauf* DVBl. 1971, S. 678 r. Sp.
[61] *Götz* S. 267.
[62] s. u. F II 2.
[63] Vgl. *Rüfner*, Staat 7, S. 47.
[64] *Geiger*, Verfassungsgerichtsbarkeit S. 125.
[65] Vgl. echte Beleihung bei *Wittkämper* S. 194 ff.
[66] Vgl. *Eschenburg* S. 64 f. (feudale Lehnsherren mit ihren Vasallen).
[67] *Götz* S. 265.
[68] Vgl. *Scheuner*, Wirtschaftslenkung S. 59.
[69] z. B. *Rüpke* S. 125.

verbot hinausgeht[70]; aber das ist möglicherweise bei der nun zu behandelnden Chancengleichheit anders.

2. Chancengleichheit

Seit jeher gab es Streit um die Abgrenzung von rechtlicher und tatsächlicher Gleichheit und von der jeweils erreichten rechtlichen Gleichheit als Minimum der tatsächlichen Gleichheit wurden Forderungen nach immer mehr wirtschaftlicher und sozialer Gleichheit erhoben[71]. Wie seinerzeit die Forderung nach staatsbürgerlicher Gleichheit aus der politischen Ungleichheit entsprang, so sind heute neue Antworten auf neue Ungleichheiten erforderlich.

Eine Gleichheitskomponente, die heute noch aktuell, da noch nicht verwirklicht ist, ist die schon zur Zeit des klassischen Liberalismus postulierte Chancengleichheit, man denke an Tocquevilles berühmte „égalité des conditions"[72].

Der Begriff der Chancengleichheit ist als Startgleichheit zu verstehen, das bedeutet aber nicht Nivellierung aller tatsächlichen Unterschiede, die in concreto die Wahrnehmung der Chancen verhindern[73], also keine volle tatsächliche Gleichheit, etwa Gleichheit des sozialen Status[74]; jedoch ist der Begriff nicht eindeutig[75].

Die Rechtsprechung ist noch zurückhaltend und hat die Chancengleichheit bisher nur im Wahlrecht (unter politischen Parteien) und im Prüfungsrecht anerkannt[76]. Dabei ist offenbar, daß gerade Subventionen die wirtschaftliche Chancengleichheit zwischen Empfängern und

---

[70] Vgl. BAG NJW 1956, S. 806 f. (nur der Leitsatz, nicht aber die Begründung läßt auf eine Unterscheidung von Willkürverbot und Gleichbehandlungsgrundsatz schließen).

[71] Tendenz: zunehmende Verrechtlichung sozialer Gleichheit, *Hesse* AöR 77, S. 185.

[72] *Tocqueville* I S. 3, 23, passim; danach *Dahrendorf*, Reflexionen S. 384; — zu Adam Smith's Chancengleichheit vgl. *Hattenhauer* S. 31, 44; ebendiese Chancengleichheit setzt das liberale Motto „Jeder ist seines Glückes Schmied" voraus.

[73] *Dürig* S. 988.

[74] Vgl. aber das schwedische Programm zur Verwirklichung auch sozialer Gleichheit (Ungleichheit im Wohlfahrtsstaat, passim).

[75] *Podlech* S. 209.

[76] BVerfGE 1, 248 f. (zwingender Differenzierungsgrund im Wahlrecht erforderlich); 4, 375, 382 f.; 8, 51, 67 f.; — 13, 230, 235 und 13, 237, 240: Chancengleichheit im Wettbewerb anerkanntes wirtschaftspolitisches Ziel; 19, 101; 21, 1, 5; BVerwGE 17, 306, 311 f. (Prüfungsrecht); BVerwGE 21, 58, 60: Chancengleichheit zwar noch kein allgemeines Prinzip des Gleichheitssatzes, aber hier doch; BVerwG DVBl. 1966, S. 860 (Chancengleichheit aus dem Wesen d. Prüfungsvorgangs) — vgl. *Fuss* JZ 1962, S. 566 Fußn. 12; *Mühl*, Wirtschaftsrecht S. 174; — vgl. ferner das Prinzip der Waffengleichheit im Prozeß.

Nichtempfängern beeinträchtigen[77] — Chancengleichheit hier im wirtschaftlichen Sinn als Wettbewerbsgleichheit verstanden[78] —, denn die Ertragserhöhung bzw. Kostenentlastung des Subventionsempfängers ermöglicht ihm eine Unterbietung der Konkurrenten.

Die Frage ist nur, ob der allgemeine Gleichheitssatz auch darüber hinaus, das heißt allgemein, als Chancengleichheit konkretisiert werden kann oder ob die Chancengleichheit im übrigen (von Wahl- und Prüfungsrecht abgesehen) erst Desiderat und Postulat ist[79]. Rechtsprechung und Lehre meinen, die wirtschaftliche Chancengleichheit als Wettbewerbsgleichheit sei verfassungsrechtlich nicht geboten, die wirtschaftspolitische Gesetzgebung sei insoweit frei[80]. Für die Anerkennung der Chancengleichheit sprechen jedoch Argumente wie dieses, daß damit Subventionsansprüche für strukturschwache Regionen oder gegen ausländische Konkurrenten oder zum Schadensausgleich begründet werden könnten[81]. Vor allem ist zu bedenken, daß keine schrankenlose Chancengleichheit gefordert wird, sondern — etwa nach dem Vorschlag von Bellstedt — eine relativ begrenzte: Chancengleichheit nur zwischen Wettbewerbern, die ein gleiches oder ähnliches Produkt auf der gleichen Wirtschaftsstufe anbieten[82]. Ein anderer Vorschlag zielt lediglich auf Anhebung des Mindeststandards einerseits und Begrenzung des Höchststandards andererseits ab[83], das hieße z. B., daß an ein bedeutendes Unternehmen (bedeutend nach Kriterien wie Rendite, Gewinn, Umsatz, Bilanzsumme, Beschäftigtenzahl) grundsätzlich keine Subventionen gegeben werden dürften. Für die Einbeziehung der Chancengleichheit in den allgemeinen Gleichheitssatz könnte auch sprechen, daß die Chancengleichheit aller eine wichtige Vorbedingung der Freiheit aller ist (vgl. Art. 2 I GG)[84].

Allerdings ist bei diesen Überlegungen die Gefahr der Überinterpretation zu beachten, daß nämlich zuviel aus dem allgemeinen Gleichheitssatz heraus- oder in ihn hineingelesen wird: Die Verfassung ist kein „Supermarkt, in dem alle Wünsche erfüllt werden können"[85].

---

[77] BVerwGE 30, 191, 196 f.; *Wolff* III S. 142; vgl. *Badura*, Wirtschaftsverfassungsrecht S. 134.

[78] Vgl. Art. 3 I iVm. Art. 2 I GG.

[79] Vgl. *Scholler* S. 16.

[80] BVerfGE 4, 7, Leits. 2; 12, 341, 347; — BVerwGE 20, 101, 105 (Beeinträchtigung der Wettbewerbsgleichheit noch keine Rechtsbeeinträchtigung); *Selmer* S. 361; *Link* DVBl. 1972, S. 68 r. Sp. (zit. Martens Leitsatz 11 a).

[81] *Unkelbach* S. 163 f.

[82] *Bellstedt* DÖV 1961, S. 167 l. Sp. und S. 117 ff. (bei Steuervergünstigungen).

[83] *Dahrendorf*, Reflexionen S. 390 ff.; garantierte Mindesteinkommen auch in „Ungleichheit im Wohlfahrtsstaat", S. 108; vgl. oben C II 1 b, Fußn. 57.

[84] *Dahrendorf*, Reflexionen S. 411.

[85] *Forsthoff*, Staat S. 78.

Für die Chancengleichheit im Wahlrecht (vgl. Art. 21 I, 38 I GG) und im Prüfungsrecht sprechen besondere Gründe, hier ist sie besonders wichtig; im wirtschaftlichen Bereich ist es dagegen im allgemeinen nicht zwingend geboten, etwaige Ungleichheiten mit Subventionen auszugleichen[86] bzw. durch differenzierende Subventionen keine wirtschaftlichen Ungleichheiten hervorzurufen.

Wenn sich auch à la longue in Rechtsprechung und Lehre eine Wandlung anzubahnen scheint[87], so ist diese Tendenz noch nicht weit genug fortgeschritten, um den allgemeinen Gleichheitssatz neu zu interpretieren. Richtig ist allerdings der Gedanke des Bundesverwaltungsgerichts, den Grundsatz der Chancengleichheit schon jetzt in begründeten Einzelfällen als Konkretisierungshilfe heranzuziehen, und zwar — so ist zu ergänzen — um so mehr, je stärker der Eingriff in die Wettbewerbsgleichheit ist[88].

3. Präzisierung der Sachgerechtigkeits-Schranke

> „Die praktische Handhabung des Gleichheitssatzes wird jeweils gewisse ergänzende und konkretisierende Festlegungen benötigen, um den Willkürbegriff zu präzisieren[89]."

a) Maßstab der positiven Rechtsordnung

Gesucht wird ein Maßstab, an dem die „Sachgerechtigkeit" einer Differenzierung (s. o. D IV 1) gemessen werden kann. Es soll von Triepels Interpretation des Gleichheitssatzes als Verbot unsachgemäßer Differenzierungen ausgegangen werden[90]. Triepel bleibt zwar im Prinzip bei der These vom weiten Spielraum des Gesetzgebers stehen, sein Ansatz ist aber ausbaufähig, weil er statt subjektiver Kriterien einen objektiven Maßstab anbietet. Entscheidend für die Sach- oder Unsachgemäßheit einer Differenzierung sind zunächst die Differenzierungskriterien auf der Tatbestandsseite der Norm[91], zweitens konsequenterweise die übrigen Normen des betreffenden Subventionsgesetzes, drit-

---

[86] *v. Münch* AöR 85, S. 288; zurückhaltend auch *R. Schmidt*, Wirtschaftspolitik S. 241 (zu BVerwGE 17, 306).
[87] *Scholler* S. 5, 57; *F. Werner* S. 9; vgl. *G. Rinck* S. 16.
[88] Beispiel: Die gezielte Subventionierung eines Teilmonopolisten führt zum Konkurs der atomistischen Anbieter (= sehr starker Eingriff). — Andere Ausformungen des Gleichheitssatzes wie Steuerlastgleichheit (vgl. Art. 134 WRV, BVerfGE 6, 70) und „Positionsgleichheit" (§ 13 BVFG, *Scholler* S. 37) sind für Subventionen irrelevant.
[89] *Scheuner* DVBl. 1952, S. 647 l. Sp.
[90] *Triepel* S. 29 f.
[91] So zutreffend W. *Böckenfördes* Interpretation, S. 53 f.

tens die einschlägigen Normen des betr. Rechtsgebietes[92], sodann alle sonstigen Normen der positiven Rechtsordnung, von der Verfassung[93] die Rechtsnormenpyramide abwärts bis zu Satzungen und zum „selbstgeschaffenen Recht der Wirtschaft"; ferner Gewohnheitsrecht, die ungeschriebenen immanenten Prinzipien der Rechtsordnung, ihre dogmatischen Lehrsätze, Rechtsbegriffe und Präjudizien[94]; schließlich auch völkerrechtliche Verträge[95] und rechtsvergleichend — zumal im Zeichen internationaler Rechtsannäherung — entsprechende ausländische Rechtsnormen[96]; lediglich Hinweischarakter haben hingegen Verwaltungsvorschriften und vorrechtliche soziale Normen[97].

Der so gekennzeichnete Maßstab der positiven Rechtsordnung, wie er vereinfachend genannt werden kann, sei an dem oben (s. D I 2) gebrachten Beispiel erläutert:

(1) Die Differenzierungskriterien (Betriebserweiterung, -neugründung usw.) lassen die Differenzierungsnorm nicht unsachgemäß erscheinen.

(2) Theoretisch denkbar wären Parallelnormen aus dem schleswig-holsteinischen Subventionsrecht und dem Recht der regionalen Wirtschaftsförderung, z. B. historisch (Wiederaufbau nach dem Kriege) oder auf andere Gebiete bezogen.

(3) Sonstige einschlägige Normen der Rechtsordnung:

(a) Aus dem Grundgesetz kann das Normziel der Vollbeschäftigung durch das Sozialstaatsprinzip gestützt werden.

(b) Aus dem Bundesrecht können die Grundgedanken des Arbeitsförderungsgesetzes herangezogen werden. Ferner sind Parallelnormen in anderen Landesrechten denkbar.

(c) Das Subventionsverbot des EWG-Rechts (Art. 92 Nr. 2 c EWG-Vertrag) ist zu berücksichtigen.

(4) Unter den Rechtsgrundsätzen kommt das Prinzip der Einheit der Rechtsordnung in Betracht.

---

[92] s. u. F II 2 (Systemgerechtigkeit speziell).
[93] Vgl. u. F II 1.
[94] *Esser*, Rechtswissenschaft S. 774 l. Sp.; ders., Grundsatz passim; (Rechtsprinzipien); für die Berücksichtigung von Rechtsprinzipien auch *Paulick*, Grundgesetz S. 103; — *Wieacker* S. 15 (Erfahrungsschatz der Judikatur), S. 16 (bewährte Lehre und Judikatur); *Dahm* S. 35 (große Bedeutung der Präjudizien, des Richterrechts); vgl. zu Rechtsgrundsätzen *Wolff* I S. 118 ff. (§ 25) (nur subsidiär, S. 120).
[95] Vgl. *Jaenicke* S. 391 l. Sp.; neben den allgemeinen Regeln des Völkerrechts, Art. 25 GG.
[96] *Coing* S. 131; vgl. Kritik von *Tipke* NJW 1970, S. 1875 r. Sp. an BVerfG; *Zweigert-Kötz* S. 16 ff., 23 ff.
[97] Vgl. aber die rechtliche Relevanz sozialer Normen, z. B. im Begriff der „öffentlichen Ordnung" der polizeirechtlichen Generalklausel.

(5) Aus der Dogmatik könnte z. B. der steuerrechtliche Begriff der Betriebserweiterung herangezogen werden (bzw. -eröffnung, §§ 6 I, Nr. 6 EStG, 6 I EStDV, 165 d II AO).

(6) Von den einschlägigen Präjudizien wären vor allem die ständige Rechtsprechung des Bundesverfassungsgerichts, des Bundesverwaltungsgerichts und der anderen zuständigen Gerichte (Oberverwaltungsgericht Lüneburg, Verwaltungsgericht Schleswig) heranzuziehen.

(7) Von den ausländischen Rechtsnormen wären Normen des deutschen Rechtskreises bevorzugt heranzuziehen (z. B. Schweizer Subventionsrecht).

(8) Subventionsrichtlinien des schleswig-holsteinischen Wirtschaftsministers können Anhaltspunkte geben.

Die Einführung des Maßstabs der positiven Rechtsordnung läßt sich damit begründen, daß in der Rechtsordnung die „maßgebenden öffentlichen Interessen" fixiert sind[98], welche die Antworten auf früher schon gelöste und in Abwandlungen neu auftauchende Fragen darstellen[99]; an diese Rechtsordnung ist die Rechtsprechung nach Art. 20 III GG gebunden, woraus man entnehmen könnte, daß sie auch andere als unmittelbar verbindliche Rechtssätze berücksichtigen sollte. Diese Methode entspricht zugleich dem fundamentalen Prinzip der Einheit der Rechtsordnung[100].

Wenn Verfassungsnormen durch einfache Gesetze ausgefüllt und dadurch subsumtionsfähig gemacht werden[101], erhebt sich ein gewichtiger Einwand:

Wie kann niederrangiges Recht höherrangiges Recht bestimmen[102]? Schon Hesse bemerkte, daß die Gerechtigkeit nicht aus einfachem Recht hergeleitet werden könne, das sie selbst determiniere; andern-

---

[98] *Wolff* I S. 164 (§ 29 IV a).
[99] *Kriele* S. 201 — D. h. die vorhandene Rechtsordnung bietet Konstanten in einem sozialen Feld von unübersehbaren Variationsmöglichkeiten, vgl. *Luhmann* S. 173.
[100] Vgl. *Majewski* S. 21 ff.
[101] *Herbert Krüger* DÖV 1971, S. 291 l. Sp.
[102] Kritisch *Leisner* S. 5, 21, passim: Verfassung nach Gesetz statt umgekehrt, aber dies sei stellenweise doch gerechtfertigt, Hauptsache, daß es nicht unbewußt und unkritisch geschehe; dazu kritisch *Majewski* S. 20 und passim zum Problem Verfassungsrecht und einfaches Recht; M. stellt Leisner und Häberle — s. u. Fußn. 105 — gegenüber. *Meder* S. 58, 67 Nr. 9 (nur provisorisch, Unterverfassungsrecht kann selbst verfassungswidrig sein); vgl. *Podlech* S. 84 (Gefahr eines Zirkels; P. räumt jedoch ein, daß die Begründung an Überzeugungskraft gewinnt, wenn die Argumentation dem betr. Teilrechtsgebiet entnommen ist, S. 154).

falls würde das zu einem regressus ad infinitum führen¹⁰³. Dem ist entgegenzuhalten, daß das vorhandene Recht als teil- und näherungsweise Positivierung des Gerechtigkeitsziels¹⁰⁴ durchaus Anknüpfungspunkte und Hinweise für die Bildung neuen Richterrechts geben kann, denn es wäre zu einfach, das Verhältnis von Verfassungs- und Unterverfassungsrecht als einseitiges Überordnungsverhältnis zu sehen, vielmehr hat auch das einfache Recht Einfluß auf das Verfassungsrecht: z. B. bestimmen die Vorbehaltsgesetze die Freiheitsgrundrechte (wie jene umgekehrt nach der Wechselwirkungstheorie von diesen beeinflußt werden)¹⁰⁵; ferner zeigt sich der Einfluß bei Verfassungsänderungen aufgrund von Erfahrungen mit einfachem Recht durch den Verfassungsgesetzgeber¹⁰⁶, der ja mit dem einfachen Gesetzgeber personell weitgehend identisch ist.

Erstaunlicherweise wurde dieser Konkretisierungsansatz, aus der positiven Rechtsordnung Hinweise für die Interpretation des allgemeinen Gleichheitssatzes zu gewinnen, bisher in Literatur und Rechtsprechung nur gelegentlich aufgenommen¹⁰⁷, obwohl in jüngster Zeit die „topische" Methode immer mehr Anklang findet¹⁰⁸, und hier handelt es sich ja auch darum, problembezogene Gesichtspunkte aus den verschiedensten Normen zu verwerten.

Die Schwierigkeiten der Methode liegen darin, zunächst einmal alle relevanten Normen der eigenen und, wenn Vollständigkeit angestrebt wird, auch fremder Rechtsnormen zu erfassen. Wer je von den unzulänglichen Sachregistern der juristischen Bibliothekskataloge, Bibliographien und anderer Nachschlagewerke enttäuscht wurde, weiß, welch großes Dokumentationsproblem hier — mit Hilfe der juristischen Datenverarbeitung — in Zukunft zu lösen sein wird. Die zweite Schwierigkeit ist grundsätzlicher Art. Wie ist der Bedeutungsgrad einer

---

[103] *Hesse* AöR 77, S. 216; danach *Mertens* S. 52.
[104] Vgl. *Coing* S. 206 (daraus die Rhetorik des positiven Rechts).
[105] Vgl. BVerfGE 7, 198, 208 f. (Lüth-Urteil); *Häberle*, Wesensgehaltsgarantie S. 34 f.: Das Grundrecht entsteht in der jeweiligen Konfliktsituation gleichsam neu und wird jeweils von Fall zu Fall (auch durch einfaches Gesetzesrecht) aktualisiert und konkretisiert.
[106] Wie auch historisch Verfassungen aus einfachem Recht rezipiert wurden, vgl. *Majewski* S. 42 ff.
[107] Andeutungsweise *Aldag* S. 43; *Raiser* ZHR 111, S. 99 (Differenzierungsmaßstäbe von Fall zu Fall aus dem Gesamtcharakter der ein Teilgebiet beherrschenden Regelung erschließen); Bremer VGH in Giese-Schunck-Winkler, Verfassungsrechtsprechung II, Nr. 54 zu Art. 3 I GG, S. 50 (Willkürmaßstab aus Grundgesetz und Rechtsordnung); *Paulick*, Grundgesetz S. 111; *Rüpke* S. 106 f.; *Mertens* S. 52; *Göldner* S. 108; *Hamann-Lenz* S. 160 (B 4 c, cc zu Art. 3) andeutungsweise.
[108] *Viehweg* S. 1, 15, passim (are combinatoria, S. 51); vgl. *Hesse*, Verfassungsrecht S. 27; *Kriele* S. 114 ff.; krit. *Canaris* S. 159 (kein Gegensatz zum Systemdenken!); *Esser*, Vorverständnis S. 151 ff.

ausfüllungsgeeigneten Norm im Verhältnis zu anderen, möglicherweise abweichenden Normen zu bewerten? Hier liegt eine Einbruchsstelle für Subjektivität; man kann aber versuchen, die Wertung zu objektivieren, d. h. nachvollziehbar zu machen, wenn man die Normen in der oben angegebenen Reihenfolge berücksichtigt (Superioritätsprinzip), zweitens indem man die sachnächsten Normen (Parallelnormen) bevorzugt und drittens indem die häufiger vorkommenden Normen gegenüber singulären Vorschriften vorgezogen werden (Quantitätskriterium).

b) *Beispiele aus der Verfassungsrechtsprechung*

Es soll gezeigt werden, wie das Bundesverfassungsgericht in einigen Entscheidungen sinngemäß den Maßstab der positiven Rechtsordnung heranzog, dies jedoch in anderen Entscheidungen unterließ.

(1) *BVerfGE 3, 162, 183* erklärte Differenzierungen des Gesetzes zu Art. 131 GG zwischen verschiedenen Gruppen von Angestellten einerseits und zwischen Angestellten und Beamten andererseits für verfassungsmäßig. Es wird nur ein einziger Hinweis auf besondere Regelungen für Vermögensverluste gegeben (S. 184), sonst fehlt jede sachnahe Norm aus dem Beamten- oder Wiedergutmachungsrecht. Als Quintessenz seiner Argumentation stellt das Gericht die bekannte Floskel heraus, es komme nicht darauf an, ob eine andere Lösung als die des Gesetzgebers vernünftiger (d. h. auch sachgemäßer) oder gerechter sei (S. 182).

So einfach ist das nicht abzutun, denn — unabhängig von diesem Fall — wenn eine andere Lösung sehr viel vernünftiger ist, ja nach einhelligem Konsens der Fachleute die bestmögliche überhaupt, während die gesetzliche Lösung — von parteipolitischen Erwägungen bestimmt — gerade noch vertretbar erscheint, im Extremfall die schlechteste von der Skala der vertretbaren Alternativen, dann entstehen erhebliche Zweifel an der Gleichheitsgemäßheit der Norm. Sie sollte, wenn sie nicht aus anderen Gründen, wie z. B. nach dem Grundsatz der Verhältnismäßigkeit[109] verworfen werden kann, für „noch eine Zeitlang verfassungsmäßig" erklärt werden, wie z. B. BVerfGE 12, 226, eventuell mit einer Frist für den Gesetzgeber, Abhilfe zu schaffen.

(2) *BVerfGE 9, 338*[110] (Hebammen-Urteil: Altersgrenze für Hebammen[111] im Unterschied zu Ärzten) wird, soweit eine Altersgrenze für Ärzte abgelehnt wird, zutreffend damit begründet, daß der Arzt in in einem

---

[109] s. u. F II 1 b.
[110] Zustimmend *Friauf* DVBl. 1971, S. 675 r. Sp.; vgl. BVerwG 3, 254 (258) mit gleichem Ergebnis.
[111] Verordnung v. 24. 7. 63, BGBl. I 1963, S. 503.

traditionell freien Beruf ohne geregelte Altersversorgung tätig sei (S. 351), ein hohes Maß an eigener Verantwortung trage und die Abnahme seiner Leistungsfähigkeit selbst beurteilen könne, während die Hebammen einen durch Hebammengesetz[112] und Dienstordnung reglementierten Beruf ausübten[113]. Hilfreich ist der Hinweis auf das Hebammengesetz als Element der positiven Rechtsordnung, darüber hinaus wird aber eine Prüfung vermißt, ob und gegebenenfalls warum eine Altersgrenze nicht in weiteren Rechtsnormen über freie und sonstige medizinische Berufe geregelt ist oder ob etwa umgekehrt eine Tendenz besteht, auch den Beruf der Hebammen zu den freien Berufen zu zählen[114].

(3) *BVerfGE 10, 354*[115] erklärte eine Pflicht-Altersversorgung der bayerischen Ärzte für verfassungsmäßig. Die hauptsächliche Begründung ist, die Altersversorgung diene der sozialen Sicherheit der Ärzte im Alter und damit der Volksgesundheit, weil eine unter Umständen die Volksgesundheit gefährdende Tätigkeit der Ärzte in höherem Alter nicht mehr erforderlich sei (S. 369; vgl. oben BVerfGE 9, 388). Diese sozial- und gesundheitspolitischen Gründe sind an sich schon sachdienlich, um eine Pflichtversorgung der Ärzte zu begründen (Altersgrenze nein, Pflichtversorgung ja), das Gericht versäumte es hier jedoch nicht, Parallelnormen heranzuziehen (§ 2 III Preußisches Ärztekammer-Gesetz, § 46 II 3 Reichsärzteordnung von 1935; — S. 366), auf andere Landesrechte (S. 367) und Pflichtversicherungen für andere freie Berufe (S. 368) hinzuweisen. Auf diese Weise wird die Argumentation überzeugend abgerundet.

(4) Auch in *BVerfGE 11, 245, 254 f.* begnügt sich das Gericht nicht mit der bloßen Behauptung, die Differenzierung zwischen Kriegsgefangenen und Zivilinternierten (hier: in Dänemark nach 1945) sei sachgerecht und vernünftig, sondern füllt dies Prädikat dadurch aus, daß es die Kriegsgefangenenentschädigung nach § 2 III 1 des Zweiten Änderungsgesetzes zum Kriegsgefangenen-Entschädigungsgesetz[116] mit dem Maß des erlittenen Leides und Schadens begründet, das bei Internierten geringer gewesen sei.

Das mag zwar stimmen, hätte jedoch an Rechtsnormen des internationalen Kriegsrechts oder an Normen (notfalls Verwaltungsvor-

---

[112] Vom 21. 12. 38, RGBl. I, S. 1893 und 4. Durchführungsverordnung RGBl. I 1939, S. 2457 (§ 1: 70 Jahre).
[113] Vgl. zustimmend *Rüpke* S. 108 ff. (anderes Berufsbild).
[114] So kritisch R. *Schmidt* JZ 1967, S. 403 r. Sp.; ablehnend auch *Lange,* Die Verwaltung 1971, S. 263.
[115] Art. 3 I nur am Rande; vgl. in derselben Sache BayVerfGHE 4, 219.
[116] Vom 8. 12. 1956, BGBl. I, S. 904.

schriften) des dänischen Rechts belegt werden sollen, zumal es sich um eine pejorative Gesetzesänderung handelt, denn nach § 2 II Nr. 1 i. d. F. vom 30. 1. 1954 waren auch Zivilinternierte anspruchsberechtigt[117].

Zivilinternierte haben zumindest seit 1949 völkerrechtlich eine erheblich bessere Stellung als Kriegsgefangene, vgl. Art. 41 ff. (z. B. § 43, § 46) des IV. Genfer Abkommens zum Schutz von Zivilpersonen in Kriegszeiten[118].

(5) *BVerfGE 17, 210*[119] erklärte § 3 II 2 Nr. 1 Wohnungsbauprämiengesetz[120] für verfassungsmäßig. Nach der angegriffenen Norm erhalten Eheleute, auch wenn beide vor der Ehe einen Bausparvertrag hatten, nur einmal die Jahreshöchstprämie von 400,— DM. Die an sich vertretbare Begründung, Bausparen sei ein typischerweise objektbezogenes Zwecksparen für „ein" Familienheim (S. 219, 223), wird schlicht ohne gesetzlichen Beleg vorgetragen, obwohl sich der Vorrang des Familieneigenheims z. B. aus §§ 1 II, 2 II a, 7, 26 I Nr. 1 2. Wohnungsbaugesetz klar ergibt. —

Soweit die Versuche zur Präzisierung des Willkürverbots.

---

[117] So *Hübner* S. 12 (Nr. 2 zu § 1 KgfEG); in: BGBl. I 1954, S. 5.
[118] Vom 12. 9. 1949, BGBl. II 1954, S. 917.
[119] Vgl. dazu kritisch *Klein* S. 156 ff.
[120] I.d.F. vom 21. 12. 54, BGBl. I, S. 482.

F. Engere Bindung des Subventionsgesetzgebers durch den allgemeinen Gleichheitssatz

> Der Staat darf grundsätzlich subventionieren; mit den Mitteln des Verfassungsrechts kann er nicht daran gehindert werden. Um so peinlicher ist der Gebrauch seiner Aktionsfreiheit auf Verfassungsmäßigkeit zu prüfen[1].

Aus den oben angeführten Gründen ist der allgemeine Gleichheitssatz in der Willkürverbots- Interpretation zu weit, um noch effektiv zu sein.

Daher ist eine genauere Prüfung insbesondere der jeweiligen Subventionsziele angebracht, genauer als es in der Praxis bisher üblich ist.

Zwar hat das Bundesverfassungsgericht einmal im Apotheken-Urteil erfreulicherweise auf die Notwendigkeit einer genauen Analyse mit Hilfe von Sachverständigen hingewiesen[2], es heißt dort weiter: „Andererseits aber muß die Pflicht zum Schutz des Grundrechts das Gericht daran hindern, die Auffassungen des Gesetzgebers, der legitimerweise auch andere Ziele als die des Grundrechtsschutzes verfolgt, ohne weiteres zu akzeptieren und seine Maßnahmen als unvermeidliche Beschränkungen des Grundrechts hinzunehmen."

Einschränkend wird jedoch in einer späteren Entscheidung[3] die Klärung wirtschaftsverwaltungsrechtlicher und „wirtschaftstechnischer" Fragen zurückgewiesen, wenn sie verwaltungsgerichtlich unbeanstandet geblieben seien und keine klaren Anzeichen von Willkür zeigten.

Eine wirksame Kontrolle des Gesetzgebers ist vollends unerläßlich, wenn man die folgenden Überlegungen berücksichtigt.

I. Argumente für die Anlegung strengerer Maßstäbe an Differenzierungsziele

1. Der typischerweise differenzierende Charakter von Subventionen

Während bei der Eingriffsgesetzgebung (z. B. Steuergesetzgebung) von vornherein mehr auf eine verhältnismäßig gleiche Belastung der Betroffenen geachtet wird — hier spielen die Freiheitsgrundrechte eine

---

[1] *Götz* S. 267 (nicht ganz wörtlich).
[2] BVerfGE 7, 377, 412.
[3] BVerfGE 18, 315, 332.

I. Für die Anlegung strengerer Maßstäbe an Differenzierungsziele

größere, der Gleichheitssatz eine geringere Rolle —, ist dies bei der Leistungsgesetzgebung anders. Zwar bewirkt das generelle (Norm-)Gesetz an sich schon eine gewisse Gleichheit der Adressaten[4], doch Maßnahmegesetze regeln Einzelfälle, daher liegt bei ihnen ein Gleichheitsverstoß besonders nahe[5]. Dies gilt um so mehr, als Subventionen ihrer Bestimmung nach darauf angelegt sind, zwischen einzelnen Gruppen (Empfängern, Nichtempfängern) zu differenzieren[6], da sie regelmäßig eine gegebene Situation zu ändern suchen (unter Vermeidung einer Subventionsrente für die nicht Hilfsbedürftigen); daher sind Subventionen mit Recht als Instrumente partieller Wirtschaftspolitik bezeichnet worden[7].

Wenn also Subventionsgesetze ihrem Wesen nach den Gleichheitssatz tangieren, so ist die Gleichheitsprüfung mit besonderer Sorgfalt vorzunehmen, und die Differenzierungsziele sollten nicht mit einer Floskel abgetan, sondern mit der gebotenen Sorgfalt untersucht werden.

2. Umgehungsmöglichkeiten für den Gesetzgeber

Für die verhältnismäßig geringe Zahl höchstrichterlicher Urteile über Subventionen gibt es auch einen psychologischen Grund: Die abgewiesenen Subventionsbewerber wollen auch in Zukunft mit der Verwaltung zusammenarbeiten und möchten sich daher nicht durch eine Klage ihre Chancen verderben[8]. Deshalb kann der Staat auch einseitige Absichten leicht vor externer Kritik unter dem Deckmantel der Staatswohltat verbergen[9]. Verfolgt der Gesetzgeber diskriminierende Ziele, so kann er bei dem ihm von der herrschenden Meinung zugebilligten weiten Spielraum durch Auffächerung seiner Zielvorstellungen beliebige Differenzierungsmöglichkeiten schaffen[10] und den Kreis der „einleuchtenden sachlichen Gründe" ad libitum erweitern[11].

---

[4] Schon *L. v. Stein* S. 20 (soziale Gleichartigkeit); danach *E. W. Böckenförde* S. 154; *Luhmann* S. 166, 178; *Coing* S. 271.

[5] *Maunz-Dürig-Herzog* Anm. 112 zu Art. 20 GG.

[6] *Zachau-Mengers* S. 31; vgl. *Huber* DÖV 1956, S. 174 l. Sp.; *Zängl* S. 104; *Hartz* S. 112 (formal beeinträchtigen alle Steuergesetze mit Subventionscharakter den Gleichheitssatz); *Götz* S. 264 (die Subventionierung einzelner Wirtschaftsgruppen und der allgemeine Gleichheitssatz stehen in offenbarem Spannungsverhältnis); *Badura* AöR 92, S. 400 (Gleichbehandlung ungleicher und Ungleichbehandlung gleicher Sachverhalte gehört geradezu zur Eigenart der Wirtschaftslenkung und Sozialgestaltung); *Friauf* VVDStRL 27, 34 (die finanzwirtschaftliche Intervention lebt geradezu von der Diskriminierung); *Andel* S. 6, 142 f. (allgemein verbindet man mit dem Subventionsbegriff das Element partieller Begünstigung); *Scheuner*, Wirtschaftslenkung S. 58 (daher sei eine Überspannung des Gleichheitssatzes nicht angebracht).

[7] *Stern* DÖV 1961, S. 329 r. Sp.

[8] *Stern* JZ 1960, S. 518 r. Sp.

[9] *Pöttgen* S. 2 f.

74 F. Engere Bindung des Subventionsgesetzgebers

Den umfassenden Gestaltungsspielraum des Gesetzgebers könnte man mit Marbachs Worten so beschreiben[12]: Jede staatliche Machtanwendung trägt das Signum der Unfehlbarkeit, alle Gesetze können auf angeblich gewichtige Gesichtspunkte und Zweckmäßigkeiten zurückgeführt werden. Der Staat kann sich stets rechtfertigen, er verfügt über ein so reichhaltiges Rechtfertigungsinstrumentarium, daß auch objektiv beanstandbare Vorteilszuwendungen als Akte überlegter, weitsichtiger Politik („väterliche Wohltat") ausgelegt werden können.

Dieser Versuchung sollte der Gesetzgeber durch Schaffung effektiver Gleichheitsschranken von vornherein nicht ausgesetzt werden.

3. Der Eingriffscharakter der Subventionen

Ähnlich wie bei der Doppelwirkung begünstigender Verwaltungsakte[13] besteht auch bei Subventionen ein Zusammenhang zwischen der Begünstigung der Empfänger einerseits und der Belastung der Nichtbegünstigten andererseits[14], da die Begünstigten aufgrund der Subvention billiger anbieten und damit ihre normal kalkulierenden Konkurrenten am Markt verdrängen können (Beeinträchtigung der Wettbewerbsgleichheit, s. o. unter E II 2[15]. Damit wirkt die Subvention für einen bestimmten Personenkreis genauso wie ein unmittelbarer staatlicher Eingriff etwa in Form einer Umsatzsteuererhöhung.

In einem weiteren Sinn könnte man als Eingriff auch die Einführung von Subventionen verstehen, die durch Abbau älterer Subventionen finanziert werden[16].

Staatliche Zuwendungen können die Unabhängigkeit von Unternehmen stärker als manche Eingriffe berühren[17], etwa bei detaillierter

---

[10] Vgl. Beispiele bei *Krause* S. 3 ff.; *Friauf* DVBl. 1966, S. 737 r. Sp.; *Rüfner*, Formen S. 391 (immer neue Anknüpfungspunkte aus vielfältigen Zielen der Leistungsverwaltung).

[11] *Scholler* S. 42.

[12] *Marbach* S. 72 (von liberaler Warte); danach *Büssgen* S. 27.

[13] Vgl. *Imboden* S. 42; *Stern* JZ 1960, S. 524; *Unkelbach* S. 58, 72.

[14] Vgl. BVerfGE 17, 1, 23 (Bevorzugung Spiegelbild einer Benachteiligung und umgekehrt); *Stern* JZ 1960, S. 524; *Ermacora*, Handbuch S. 75 (Reflex der Privilegierung, die Diskriminierung der Nichtprivilegierten); *Rüfner*, Formen S. 223, 409 (Ambivalenz der Subvention); ders. BB 1968, S. 882 l. Sp.; *Friauf*, DVBl. 1971, S. 680 l. Sp.

[15] Große Empfindlichkeit der Konkurrenten, vgl. *Pigou* S. 256: „Differential favours in the form of direct money payments by the government to particular industries are, however, likely to be resented very strongly by other industries not similarly favoured." — Vgl. *Huber* DÖV 1956, S. 174 l. Sp.; BGH DÖV 1959, S. 710 r. Sp.

[16] Vgl. *Henze* S. 101.

[17] *Scheuner* VVDStRL 11, S. 41; *Friauf* DVBl. 1971, S. 680 l. Sp.

I. Für die Anlegung strengerer Maßstäbe an Differenzierungsziele   75

Planung einer Branchenstruktur[18], z. B. im Bergbau. Das gilt um so mehr, als Subventionen zum Teil herkömmliche Eingriffsmittel verdrängt haben[19] und quantitativ immer größere Bedeutung erlangen. Wenn also die Eingriffswirkung Kehrseite der staatlichen Leistung ist, so ist die These des Bundesverfassungsgerichts von der größeren Gestaltungsfreiheit des Gesetzgebers bei der Leistungs- gegenüber der Eingriffsgesetzgebung auch aus diesem Grunde unzutreffend[20].

Am besten ist eine graduelle Abstufung: Je mehr eine Subventionsnorm für andere einen Eingriff darstellt und je stärker dieser Eingriff ist (gemessen z. B. an der Gewinneinbuße, das wäre im Einzelfall empirisch zu untersuchen), desto strengere Anforderungen sind an die Differenzierungsziele zu stellen.

4. Die nachlassende Qualität der Gesetze

a) Gesetzesinflation

„Pessima tempora, plurimae leges."

Die moderne Industriegesellschaft hat einen außerordentlichen Bedarf an gesetzlichen Regelungen[21], die zur Bewältigung der im „Wohlfahrtsstaat"[22] wachsenden Staatsaufgaben[23] erforderlich sind. Dieser Bedarf führt, neben anderen Ursachen wie dem Vorbehalt des Gesetzes[24], einer Tendenz zum Perfektionismus[25] und der immanenten Komplizierung[26], zu einer Flut von Gesetzen[27], die das Parlament nur noch im Eilver-

---

[18] *Fröhler* S. 131 f.
[19] *Friauf* DVBl. 1966, S. 731 r. Sp. (Subventionen als Instrumente staatlicher Herrschaft); *Unkelbach* S. 65.
[20] *Unkelbach* S. 72.
[21] *Forsthoff*, Staat S. 50; *Eb. Schmidt* S. 10 (Seit 1914 läuft die Gesetzesmaschine auf höchsten Touren.).
[22] Gemeint: Daseinsvorsorge-Staat.
[23] *Scheuner* DÖV 1960, S. 605 l. Sp.; *Bachof*, Kontrollfunktion S. 39; vgl. *Marbach* S. 56 (Staat als pater familias distribuens); *Link* DVBl. 1972, S. 69 r. Sp (zit. Häberle, Leits. 11); Adolph Wagners Gesetz der wachsenden Staatsausgaben, vgl. *Partsch* VVDStRL 16, S. 110 f.
[24] *Scheuner* DÖV 1960, S. 606 r. Sp.
[25] *Strauß* S. 14; *Scheuner* DÖV 1960, S. 602 l. Sp., 603 r. Sp., 608 l. Sp.
[26] Jede Gesetzesänderung führt zu einer Kettenreaktion (*Forsthoff*, Staat S. 99).
[27] *Rümelin* S. 19 (Gesetzessintflut); *Hedemann*, Wesen S. 26 ff.; *Scheuner* DÖV 1960, S. 602 l. Sp. (erschreckende Zunahme von Zahl und Umfang der Gesetze), 602 r. Sp. (Hypertrophie), 603 r. Sp.; *Esser*, Rechtswissenschaft S. 774 r. Sp. (Inflation); *Arndt*, Bild S. 14 (Fließbandproduktion von Gesetzen, deren Gerechtigkeitsgrad zuweilen erschütternd gering ist); *Scheuner*, Entwicklungslinien S. 397.

fahren bewältigen kann[28]. Einen Gutteil der Gesetzesflut machen gerade die kurzfristigen Maßnahmegesetze, insbesondere die Subventionsgesetze aus[29].

Da die Abgeordneten zeitlich überfordert sind — Symptom ist der Rückstand an unerledigten Gesetzentwürfen, den jede Legislaturperiode hinterläßt —, da eine gründliche Beratung aller Probleme und Bedenken nicht immer möglich ist, führt dies unweigerlich zu einer Minderung der Qualität der Gesetze[30], zu einem Schwund der „auctoritas legis"[31], zu einer „Depravierung des Gesetzesbegriffs"[32].

Zwei weitere Gründe tragen zur nachlassenden Qualität der Gesetze bei. Einmal besteht „der Gesetzgeber" nur zu einem geringen Teil aus Verfassungsrechtlern[33], so daß eine fundierte Kenntnis der Gleichheitsproblematik nicht zu erwarten ist. Zum anderen sind die Abgeordneten hinsichtlich der zu beschließenden wirtschaftspolitischen Subventionsgesetze zumeist Nichtfachleute[34] und als solche bei der selbständigen Festlegung der instrumentalen Unterziele überfordert. Diese Aufgabe haben Regierung und Ministerialbürokratie („Expertokratie") übernommen, so daß es trotz der verfassungsrechtlichen Suprematie des Parlaments[35] zu einer faktischen Machtverlagerung gekommen ist[36].

Eine Eindämmung der Gesetzesflut könnte nur durch eine Beschränkung des Rechtsstoffs erreicht werden[37], d. h. das Parlament dürfte sich nur mit politisch wichtigen Gesetzen befassen und müßte alle untergeordnete Materien der Exekutive überlassen[38], um auf diese Weise dem Perfektionismus zu wehren[39]; jedoch es besteht hier keinerlei Grund zum Optimismus.

---

[28] *Stein* S. 50 (überhastet); vgl. *Eschenburg* S. 64 (Überlastung und Zeitmangel).

[29] *Bachof*, Kontrollfunktion S. 38; *Scheuner*, Entwicklungslinien S. 397.

[30] *Scheuner* DÖV 1960, S. 601 l. Sp., 603 r. Sp. (geringe dogmatische Verarbeitung); *H. Schneider* S. 421 („fließbandähnliche Massenproduktion"; das Gesetzgebungsverfahren wird unglaubwürdig, S. 434).

[31] *Paulick*, Grundgesetz S. 110.

[32] *Eb. Schmidt* S. 10; vgl. *Eschenburg* S. 63 (Sauberkeit des Gesetzesbegriffs in Gefahr).

[33] Vgl. *Stein* S. 226.

[34] Vgl. *Stein* S. 50; — Allerdings ist einzuräumen, daß Abgeordnete nicht unbedingt Fachleute sein müssen, weil sich politische Entscheidungen nicht einfach aus „Sachgesetzlichkeiten" ableiten lassen.

[35] *Stein* S. 27.

[36] Vgl. *Dahm* S. 314 (vom Gesetzgebungs- zum Verwaltungsstaat); *Thieme* S. 44; *Friauf* VVDStRL 27, S. 24 ff.; *Scheuner*, Nach 20 Jahren S. 11; *Pütz*, Grundlagen S. 195; — vgl. *Hesse* AöR 77, S. 222; *Partsch* VVDStRL 16, S. 102 ff.; *Strauß* S. 14; *Ellwein* S. 185; *Scheuner*, Entwicklungslinien S. 397.

[37] *Scheuner* DÖV 1960, S. 611 r. Sp.

[38] *Forsthoff*, Staat S. 101 f.

[39] *Scheuner* DÖV 1960, S. 608 l. Sp. (weitere Abhilfevorschläge).

b) Der Einfluß der Verbände

Es wird kritisiert, zur verfassungsrechtlich bedenklichen Qualität vieler Gesetze trage der bei ihrer Entstehung mitwirkende Einfluß von Verbänden und Interessengruppen bei[40]. Nun sind viele Wirtschaftsverbände gerade zur Vertretung von Sonderinteressen, insbesondere zur Erlangung von Subventionen entstanden[41].

Es ist aber nicht angemessen, die Interessenverbände als solche zu „verteufeln" und ihnen ihre positive Funktion im pluralistischen Staat abzusprechen[42], denn sie ermöglichen es dem einzelnen Subventionsbewerber erst, seine möglicherweise berechtigten Wünsche wirksam zu artikulieren und damit auf den staatlichen Verteilungsapparat Einfluß zu nehmen[43]; sie bringen ihre hochspezialisierte Sachkunde in den Gesetzgebungsprozeß ein[44], institutionalisiert z. B. nach § 23 der Gemeinsamen Geschäftsordnung der Bundesministerien[45], § 73 III 1 GeschO BT und § 3 StabG („konzertierte Aktion") sowie in zahlreichen Beiräten[46]; sie bündeln die Zielpräferenzen ihrer Mitglieder (Abstimmungsfunktion)[47], unterstützen so die Zielplanung der staatlichen Wirtschaftspolitik[48] und beeinflussen auf diese Weise durchaus legitim die Gesetzgebung[49] — legitim auch unter dem Aspekt, daß Gesetze im wesentlichen aus Interessen und Interessenkonflikten hervorgehen (vgl. die Interessenjurisprudenz[50]).

Auf der anderen Seite wird bemängelt, die Verbände repräsentierten vielfach wegen der fehlenden innerverbandlichen Kontrolle der Funktionäre nicht adäquat die Interessen ihrer Mitglieder[51]; vor allem würden die Interessen nicht entsprechend ihrem volkswirtschaftlichem Gewicht vertreten, so daß die mächtigsten Verbände ungebührlich stark

---

[40] Vgl. *Scheuner* DÖV 1960, S. 602 l. Sp., 605 l. Sp.; *Bachof*, Kontrollfunktion S. 39; *Stein* S. 50; — allgemein zu Wirtschaftsverbänden vgl. *Herbert Krüger*, Allgemeine Staatslehre S. 379 ff.; *Brohm* S. 53 ff.; *Schmölders* S. 123 ff.; — *Ellwein* S. 51 ff.
[41] *Forsthoff*, Staat S. 119.
[42] Vgl. *Forsthoff*, Staat S. 123.
[43] *Dahm* S. 178; *Stein* S. 73 (vgl. Rückkopplungsfunktion der Verbände).
[44] *Leibholz*, Kontrollfunktionen S. 305; *Ohm* S. 44 (Informationsfunktion der Verbände).
[45] GGO Besonderer Teil, in *Lechner-Hülshoff* S. 427; vgl. *Wittkämper* S. 50 ff.
[46] *Dahm* S. 179.
[47] *Ohm* S. 54.
[48] *J. Werner*, Schweizerische Ztschr. f. Volkswirtschaft u. Statistik, 1971, S. 364.
[49] *Scheuner*, Nach 20 Jahren S. 10.
[50] Vgl. *Engisch* S. 180 ff.; *Dahm* S. 60 f.; *Bartholomeyczik* S. 49, 63.
[51] *Ellwein* S. 68; vgl. *Dahm* S. 179.

zum Zuge kämen[52]. Daran ist vermutlich viel Wahres; dazu kommt aber noch ein wichtiger Umstand. Den Verbänden und ihren Lobbyisten steht keine Körperschaft unabhängiger Abgeordneter gegenüber, sondern die Parlamentarier sind zum großen Teil selbst Interessenvertreter[53], die sich nicht erlauben können — sie liefen Gefahr, ihre politische Laufbahn zu zerstören — grundsätzlich andere Maßstäbe anzulegen als ihre Auftraggeber[54].

Daher sind die verabschiedeten Gesetze nicht selten noch vom ursprünglichen Verbandsentwurf geprägt, der verständlicherweise für ihn ungünstige volkswirtschaftliche Zusammenhänge und Gerechtigkeitsüberlegungen vernachlässigt, sich gleichwohl aber als untadelige Verwirklichung des Gemeinwohls ausgibt (Zieltarnung)[55].

So kann man freilich zu dem Urteil gelangen, die pluralistische Demokratie sei nur begrenzt fähig, eine rationale Wirtschaftspolitik[56] zu treiben; überspitzt spricht man von einer „Gefälligkeitsdemokratie, in der die unvernünftigsten Forderungen unter dem Deckmantel der Wirtschaftspolitik durchkommen"[57]. Dennoch ist der Staat keineswegs den Verbänden ausgeliefert[58], dafür sorgen schon die Korrektive der „countervailing powers" (Galbraith) und die öffentliche Meinung[59].

Auf diesem Hintergrund erhebt sich eine Forderung an die Verfassungsrechtsprechung:

Sie sollte ihre Aufgabe weniger darin sehen, für die partielle „Vernünftigkeit" eines Interessendrucks wohlwollend-hilflos Verständnis zu zeigen, sondern sie sollte soweit wie möglich (weiter als bisher) die Berechtigung von Interessen prüfen, um dadurch den Gesetzgeber vor einseitigem Druck zu schützen: Die innere Freiheit des Parlaments würde wachsen, könnte es sich gegenüber Pressionen auf eine konsequente Rechtsprechung berufen[60].

---

[52] Vgl. *Marbach* S. 56, 109, 249 ff.; *Büssgen* S. 21; *Zinn* S. 150 ff.
[53] Vgl. *Wittkämper* S. 181 ff.
[54] *Muthesius*, Monatsblätter für freiheitliche Wirtschaftspolitik 1966, S. 579; vgl. *Stein* S. 73.
[55] *Welter* S. 29; *H. K. Schneider* S. 40; vgl. *Ohm* S. 28.
[56] s. o. C I 3, Fußn. 34.
[57] *Wagner* VVDStRL 27, S. 61; vgl. *H. K. Schneider* S. 52 f.
[58] So aber *Wiethölter*, Position S. 52; — einschränkend *Ballerstedt*, Verhältnis S. 32 (Nur in Einzelfällen beugt sich der Gesetzgeber Gruppeninteressen, daher besteht kein einseitig kausales Verhältnis von Wirtschaft und Recht.).
[59] Vgl. *Meinhold*, Volkswirtschaftspolitik S. 46 ff.; zur öffentlichen Meinung *Herbert Krüger*, Allgemeine Staatslehre S. 437 ff.
[60] *Arndt* NJW 1961, S. 2009 — Doch hier lassen die Verfassungsjuristen die Politiker ungerüstet, so *Wagner* VVDStRL 27, S. 71.

I. Für die Anlegung strengerer Maßstäbe an Differenzierungsziele 79

Die Zurückhaltung des Bundesverfassungsgerichts gegenüber dem Gesetzgeber könnte mit Verständnis rechnen, wenn der Gesetzgeber das Äußerste im Bemühen um Gerechtigkeit leistete und wissenschaftliche Erkenntnisse so weit wie möglich verwertete[61]; diese Zurückhaltung verliert jedoch um so mehr an Überzeugungskraft, je mehr die legislativen Leistungen nachlassen[62]. Wieweit eine Parlamentsreform[63] (z. B. mehr Anhörverfahren[64], § 73 III-VI GeschO BT) Fortschritte bringen kann, muß offen bleiben.

Wenn die Gesetzgebung ihre weitgehende Exemtion rechtfertigen wollte, müßte sie zumindest von höherer Qualität sein[65]; solange das nicht der Fall ist, solange der Gesetzgeber wenig mehr als ein um seine Wiederwahl besorgter Verteiler zwischen organisierten Interessen ist, ist es Sache der Dritten Gewalt, ihre Neutralität, Integrität und Autorität[66] als wirksames Gegengewicht[67] einzusetzen.

Die hier vertretene Auffassung würde in der Praxis zu einem Machtzuwachs der Judikative führen[68]; es ist bei der gegebenen Sachlage aber nicht zu umgehen, das Bundesverfassungsgericht in gewissem Grade zum „Erzieher des Gesetzgebers"[69] zu machen, und gegen ein Überwiegen der richterlichen Gewalt im Sinne eines Justizstaates spricht nicht zuletzt die Einrichtung der parlamentarischen Richterwahl[70].

5. Ökonomische Bedenken gegenüber Subventionen

Eine pauschale Beurteilung aller Subventionen ist nicht möglich[71], aber einige grundsätzliche Urteile lassen sich — mit Vorbehalt für den jeweiligen Einzelfall — doch fällen. Dabei werden nur gesicherte Erkenntnisse, nicht hingegen eine Vielzahl erst zu verifizierender Hypothesen wiedergegeben, wie das sonst in einer Monographie dieses Themas geschehen könnte.

---

[61] Vgl. *Eb. Schimdt* S. 8.
[62] Vgl. *Wiethölter*, Rechtswissenschaft S. 260.
[63] Vgl. *Ellwein-Görlitz* S. 250 ff.
[64] *H. K. Schneider* S. 55.
[65] Vgl. *Scheuner* DÖV 1960, S. 610 l. Sp.
[66] Vgl. *W. Böckenförde* S. 89.
[67] *Bachof*, Kontrollfunktion S. 39.
[68] *Fuss* JZ 1959, S. 335 l. Sp.; *Ellwein* S. 262 ff.; vgl. *Wassermann* S. 80 l. Sp. (schon aufgrund der vielen unbestimmten Rechtsbegriffe der Fall); vgl. *Dahm* S. 141, der eine solche Tendenz seit Ende des 1. Weltkriegs annimmt.
[69] *Witten* DVBl. 1958, S. 701 l. Sp.; vgl. *H. J. Rinck* JZ 1963, S. 527 r. Sp. (edukatorischer Effekt); vgl. *H. Schneider* S. 434.
[70] *Hesse* AöR 77, S. 223; *v. Mangoldt-Klein* S. 201 (Nr. 4 b zu Art. 3).
[71] *Gundlach* S. 99; *Tuchtfeldt*, Monatsblätter für freiheitliche Wirtschaftspolitik 1966, S. 591; *Zeitel*, Finanzarchiv 1968, S. 197.

F. Engere Bindung des Subventionsgesetzgebers

a) *Volkswirtschaftliche Nachteile*

aa) Wettbewerbs- und Wachstumsbeeinträchtigung

Subventionen wirken sich so aus, daß Grenzproduzenten dank der ihnen zufließenden Subventionsrente am Markt verbleiben können, während ohne Subventionen der Wettbewerb[72] dafür sorgen würde, daß die kostenungünstigsten Anbieter vom Markt verschwinden (Ausleseeffekt) und die freigesetzten Produktionsfaktoren Arbeit und Kapital in produktivere Sektoren abwandern würden (Allokationseffekt)[73].

Diese Behinderung der Faktormobilität bringt einen Wachstumsverlust der Volkswirtschaft mit sich, insbesondere dann, wenn es sich um *Erhaltungssubventionen* handelt[74], die nur eine bestehende Produktion aufrechterhalten sollen, im Unterschied zu Förderungssubventionen, die auf Ausbau oder Aufbau einer Produktion hinzielen[75].

bb) Ordnungspolitische Bedenken

Die Zurückdrängung der Wettbewerbsfunktion gefährdet das marktwirtschaftliche System[76]; die unternehmerischen Freiheitsrechte verlieren an Legitimation, wenn durch subventive Sozialisierung der Verluste das Unternehmensrisiko auf die Allgemeinheit abgewälzt wird[77]. Einkommensübertragungen ohne wirtschaftliche Gegenleistung führen zu einer Art Rentnergesinnung („Subventionitis", Subventionsmentalität[78]), die Subvention wirkt wie eine Invalidenrente[79], deren grundsätzlich negative Wirkung auf die Unternehmerinitiative nicht zu bestreiten ist[80].

cc) Regressionseffekt

Die Einkommensübertragungen an Unternehmer können zwar theoretisch redistributiv wirken[81], haben aber bisher kaum zu einer perso-

---

[72] Vgl. Bedeutung des Wettbewerbs im GWB (§ 1).

[73] *Büssgen* S. 24 f.; *Tuchtfeldt*, Monatsblätter für freiheitliche Wirtschaftspolitik 1966, S. 593.

[74] § 12 II Nr. 1 StabG; 2. Subventionsbericht, BT-Drucks. VI/391, S. 4 f.

[75] § 12 II Nr. 3 StabG; allerdings läßt sich keine scharfe Grenze ziehen, so schon *Freudenberg* S. 22; *Hansmeyer* S. 12; *Schmölders* S. 227 (nur ex post feststellbar); 3. Subventionsbericht, BT-Drucks. VI/2994, S. 7, Tz. 9 (es gibt keine ausdrücklichen Erhaltungssubventionen). — So ist z. B. fraglich, ob die Subventionen für den Kohlenbergbau Erhaltungs- oder Anpassungssubventionen sind.

[76] Hier vorausgesetzt; de lege ferenda nicht unabänderlich, vgl. BVerfGE 4, 7, 18.

[77] *Wissenschaftlicher Beirat* S. 1.

[78] *Schmölders* S. 234.

[79] *Tuchtfeldt*, Monatsblätter für freiheitliche Wirtschatfspolitik S. 594.

nellen Einkommensumverteilung geführt, sondern dann, wenn die ertragsstärksten Unternehmen am meisten profitieren[82], ist sogar ein negativer Redistributionseffekt (Regressionseffekt) zu verzeichnen.

Dazu kommt, daß Subventionen keineswegs immer ihre Destinatare[83] erreichen; so versickern z. B. die Preissubventionen in der Regel, bevor sie dem Endverbraucher zugute kommen (Inzidenzproblem)[84].

dd) Beharrungs- und Ausbreitungstendenz

Subventionen weisen eine starke Beharrungstendenz auf, eine Gefahr der Verfestigung („wohlerworbene Rechte", „sozialer Besitzstand"), die einen erwünschten Abbau erschweren[85]. Beispielsweise kommen eine Reihe von Landwirtschaftssubventionen oder die Kohlenbergbau-Subventionen endlosen Erhaltungssubventionen ohne Erziehungseffekt näher als dem beabsichtigten „temporären Umstellungsschutz für passive Sektoren"[86].

Darüber hinaus werden Subventionen erfahrungsgemäß leicht zum politischen und rechtlichen Berufungsfall für neue Subventionsbewerber[87] (Ausbreitungstendenz).

Eine weitere Ursache für die Ausdehnung der Subventionen liegt darin, daß die Empfänger ihre Absatzmöglichkeiten überschätzen und investieren, dadurch Überkapazitäten schaffen, die dann erneute Subventionen erforderlich machen[88] (Kumulation)[89].

ee) Punktuelle Gefälligkeitssubventionen

Subventionen sind ein zur Befriedigung der Wähler in ihrer Funktion als Einkommensbezieher gut geeignete Mittel und daher ein angenehmes wirtschaftspolitisches Instrument für die Parlamentsmehrheit[90]. Dabei ergibt sich aber die Gefahr, statt wirksamere Eingriffsinstrumente anzuwenden, auf diese Weise den Weg des geringsten Wider-

---

[80] *Büssgen* S. 25.
[81] *Albers* Sp. 414.
[82] *Molitor*, Volkswirt 1968 H. 19, S. 33; vgl. *Hansmeyer* S. 17 (negativer Verteilungseffekt).
[83] Vgl. *Andel* S. 7; — vgl. dort S. 144 (Gefahr der Regression durch falsche Staffelung).
[84] z. B. kann eine Mehlsubvention steckenbleiben, bevor sie dem Brotkäufer zugute kommt, vgl. *Rüfner*, Formen S. 206 f.
[85] *Tuchtfeldt*, Monatsblätter für freiheitliche Wirtschaftspolitik 1966, S. 594.
[86] *Schiller*, Wirtschaftspolitik S. 223.
[87] *Ipsen*, Subventionierung S. 53.
[88] *Tuchtfeldt*, Monatsblätter für freiheitliche Wirtschaftspolitik 1966, S. 594.
[89] *Hansmeyer* S. 20.
[90] *Andel* S. 142.

standes zu gehen, Symptome statt Ursachen zu kurieren und bei interventionistischer Augenblickshilfe zu verharren[91].

ff) Finanzpolitische Belastung

In finanzpolitischer Hinsicht bedeuten die Subventionen eine erhebliche Haushaltsbelastung[92], sie machen über 30 % des Bundeshaushalts aus[93].

Da viele andere Haushaltsausgaben fixiert sind, wird die finanzpolitische Manövrierfähigkeit durch steigende Subventionen erheblich verringert (finanzpolitischer Immobilismus).

gg) Unkontrollierbarkeit der Nebenwirkungen

Subventionen wirken sich in der Volkswirtschaft auf vielfältige, komplexe Art und Weise aus[94]; es ergeben sich zahlreiche praktisch kaum kontrollierbare Neben- und Fernwirkungen (s. o. C I 3, zu Fußnote 39), die einen rationalen, quantitativ abgesicherten Einsatz erschweren. Daher ist grundsätzlich zugunsten anderer wirtschaftspolitischer Instrumente Zurückhaltung geboten[95].

b) *Folgerungen für eine rationale Subventionspolitik*

Aus den angeführten ökonomischen Bedenken ergeben sich folgende Konsequenzen für eine rationale Subventionsgesetzgebung, die für die Gleichheitsmäßigkeit von Bedeutung sind, weil die Zweifel an der Verfassungsmäßigkeit zunehmen, je mehr ökonomische Bedenken gegen eine Subventionsnorm durchgreifen. Wenn eine Subventionsnorm mehreren der folgenden „Regeln" widerspricht, ist das Differenzierungsziel mit besonderer Akribie zu prüfen.

aa) Grundsätzlicher Ausnahmecharakter

Aus den genannten Bedenken folgt, daß Subventionen — bei aller möglichen Begründetheit im Einzelfall — grundsätzlich Ausnahmen und nicht die Regel sein sollten, d. h., daß sie erst subsidiär nach der Selbsthilfe und nach anderen, weniger bedenklichen Instrumenten der Wirtschaftspolitik eingesetzt werden sollten[96].

---

[91] *Böhm* S. XXXV; zum Interventionismus vgl. *Ohm* S. 98.
[92] 2. Subventionsbericht, BT-Drucks. VI/391, S. 5.
[93] Bundeshaushalt 1971 (Soll) 100,1 Mrd. DM lt. amtl. Bundeshaushaltsplan 1971, S. 7, 9; aus den Subventionsberichten ergeben sich schon über 31 Mrd. DM direkte und indirekte Subventionen für 1971.
[94] *Büssgen* S. 23; 2. Subventionsbericht, BT-Drucks. VI/391, S. 4.
[95] *Tuchtfeldt*, Monatsblätter für freiheitliche Wirtschaftspolitik 1966, S. 594.
[96] Ebenda S. 595.

I. Für die Anlegung strengerer Maßstäbe an Differenzierungsziele 83

bb) Grundsätzliche Ablehnung von Erhaltungssubventionen

Erhaltungssubventionen sind grundsätzlich abzulehnen. Ihre besondere Gefahr besteht darin, daß trotz ihrer negativen Wirkungen die marktwirtschaftliche Steuerung formal aufrechterhalten wird[97]. Nur bei vorübergehenden Schwierigkeiten können sie notfalls eingesetzt werden, gewissermaßen als das „Öl, das den Motor Marktwirtschaft kurzfristig am Heißlaufen hindert"[98], und zwar mit dem Ziel, sich selbst überflüssig zu machen. Damit sind aber im Grunde schon die Anpassungssubventionen (§ 12 II Nr. 2 StabG) bezeichnet, die, weil sie den Wechsel in produktivere Bereiche erleichtern sollen[99], grundsätzlich unbedenklich sind, ebenso wie sonstige Umstellungs-, Rationalisierungs- und Starthilfesubventionen gegen ausländische Konkurrenz[100].

Einschränkend ist jedoch zu sagen, daß auch Anpassungssubventionen sorgfältig zu prüfen sind, weil sie das Gegenteil dessen bewirken können, was sie bezwecken, indem sie den natürlichen Anreiz zur Abwanderung von Produktionsfaktoren abschwächen[101].

cc) Vermeidung von Konjunktur-
Überbrückungs- und Stillegungssubventionen

Lediglich konjunkturpolitisch motivierte Subventionen sind wegen der erheblichen Mißbrauchsgefahr und wegen des großen Angebots an wirksamen konjunkturpolitischen Instrumenten möglichst zu vermeiden[102].
Das gleiche gilt für Überbrückungs- und Stillegungssubventionen, weil die Überbrückung von Verlustperioden zum normalen Unternehmerrisiko gehört und sich rentiert, wenn die erhaltene Kapazität später wieder gebraucht wird, bzw. weil Stillegungssubventionen nicht nachträglich eine erfolglose Unternehmensführung belohnen sollen.
Sie können allenfalls dann gewährt werden, wenn sie verhindern, daß sonst unabweisbar für längere Zeit Erhaltungssubventionen gezahlt werden müßten oder wenn die Mobilität der Produktionsfaktoren erhöht wird[103] (vgl. Stillegungsprämien bei den Kohlenbergbausubventionen, s. o. B I 1c, aa) oder wenn der Staat frühere Kapazitätsausweitung wie z. B. im Schiffbau[104] selbst gefördert hat[105]; vgl. die verwal-

---
[97] *Wissenschaftlicher Beirat* S. 4.
[98] *Hansmeyer* S. 19.
[99] *A. Möller* S. 181 (Rdnr. 3 zu § 12).
[100] *Haller*, Finanzpolitik S. 281.
[101] *Andel* S. 153; die beste Subventionseinschränkungspolitik stellen die regionalpolitischen Subventionen dar, S. 155.
[102] *Wissenschaftlicher Beirat* S. 2.
[103] *Wissenschaftlicher Beirat* S. 3.
[104] Vgl. *Büssgen* passim.

tungsrechtliche Folgenbeseitigungslast — hier hat der Staat wohl rechtmäßig, möglicherweise jedoch unzweckmäßig gehandelt.

dd) Präferenz für direkte Subventionen

Wie aus den Subventionsberichten hervorgeht, wird bei den Steuervergünstigungen (s. o. BI 2a) weitgehend „blind gefolgt"; die Höhe der Subventionsvorteile wird auch von den Begünstigten selbst unterschätzt, die Verwaltungskosten werden nicht erfaßt. Daher ist eine indirekte Subventionierung durch Steuervergünstigungen mit einer rationalen Wirtschaftspolitik prinzipiell unvereinbar[106]. Daraus folgt, daß die übersichtlichen direkten Subventionen den „unsichtbaren" vorzuziehen sind[107] und die bestehenden indirekten Subventionen wenigstens transparent gemacht werden sollten[108].

ee) Befristung und Degression

Um dem Abbauziel zu genügen, sollten Subventionen zeitlich befristet sein und degressiv fallend gestaltet werden[109]; zum gleichen Zweck sind Repartitionssubventionen den üblichen Quotitätssubventionen vorzuziehen[110].

ff) Überwiegen volkswirtschaftlicher Vorteile

Subventionen sind nicht vertretbar, wenn ihre volkswirtschaftlichen Nachteile insgesamt größer sind als ihre volkswirtschaftlichen Vorteile (letztere zumal auf Seiten der unmittelbar Begünstigten)[111], oder anders ausgedrückt: Subventionen sind ökonomisch nur gerechtfertigt, wenn die privatwirtschaftlichen Erlöse nicht mehr die privatwirtschaftlichen Kosten decken, obwohl der soziale Wert die sozialen Kosten übersteigt[112]. Die Schätzung des sozialen Gesamtwerts ist nicht weniger schwierig als die der volkswirtschaftlichen Verluste. Einen formalen Ansatz liefert die Formel von Zeitel[113]:

---

[105] Vgl. *Hansmeyer* S. 17.

[106] *Andel* S. 150.

[107] *Paulick*, Lenkungsfunktion S. 228.

[108] *Giersch*, Rationale Wirtschaftspolitik S. 117.

[109] *Giersch*, Allgemeine Wirtschaftspolitik S. 90; *Tuchtfeldt*, Monatsblätter für freiheitliche Wirtschaftspolitik 1966, S. 596; 2. Subventionsbericht, BT-Drucks. VI/391, S. 4.

[110] *Hansmeyer* S. 31 (Nur bei Repartitionssubventionen wird vorab der Gesamtbetrag der Subvention festgelegt, S. 28 f.).

[111] *Wissenschaftlicher Beirat* S. 5, Nr. 14 b.

[112] *Giersch*, Allgemeine Wirtschaftspolitik S. 123.

[113] *Zeitel*, Finanzarchiv 1968, S. 200 (leicht abgeändert); — vgl. den einfacheren Ansatz von Jahnke S. 305, der nur die Differenz zwischen erstrebtem und erreichtem Wert nimmt; ähnlich Giersch, Rationale Wirtschaftspolitik S. 114 f., der als Erfolgskriterium der rationalen Wirtschaftspolitik die Differenz der Änderungsraten der Arbeitsproduktivität nennt.

I. Für die Anlegung strengerer Maßstäbe an Differenzierungsziele

$$dW = (dP - dP_1)(A^I - K^I),$$

wobei

dW = Änderungsrate der Wohlstandsverluste durch Subventionen in anderen Sektoren,

dP = Änderungsrate der Gesamtproduktivität,

dP_1 = Änderungsrate der Produktivität im subventionierten Sektor,

A^I = subventionsbedingte Bindung von Arbeitskräften im betreffenden Sektor,

K^I = subventionsbedingte Bindung von Kapital im betreffenden Sektor.

Der Zusammenhang sei an einem konstruierten und vereinfachten Zahlenbeispiel erläutert.

(1) Wenn das Sozialprodukt (Y) der Bundesrepublik Deutschland 1970 500 Mrd. DM betrug und die Zahl der Beschäftigten (A) 25 Millionen, so ergab sich eine durchschnittliche Arbeitsproduktivität $P = Y : A = 20\,000$ DM.

(2) Im folgenden Jahr 1971 sollen durch Subventionen 1 Million Arbeitskräfte in einer notleidenden Branche festgehalten werden, die ohne Subventionen in produktivere Bereiche übergewechselt wären. Ergibt sich am Jahresende durch die Arbeit der 1 Million ein Anteil am Sozialprodukt von 21 Mrd. DM und durch die Arbeit der übrigen 24 Millionen Arbeitskräfte ein Sozialproduktsanteil von 528 Mrd. DM, so ist die Arbeitsproduktivität im ersten Fall nur auf 21 Mrd. DM : 1 Mio. = 21 000 DM (d. h. um 5 %/o gegenüber der Basis 20 000), im zweiten Fall auf 528 Mrd. DM : 24 Mio. = 22 000 DM (d. h. um 10 %/o) gestiegen.

(3) Hätten die 1 Million Arbeitskräfte im subventionierten Sektor durch Abwandern einen ebenso hohen Zuwachs der Arbeitsproduktivität wie die übrigen erreicht, so wäre das Sozialprodukt (bei Konstanz von A) von 500 Mrd. um 10 %/o auf 550 Mrd. DM gestiegen. Da es jedoch nur um 528 plus 21 = 549 Mrd. stieg, beträgt der Wohlstandsverlust 1971 1 Milliarde DM.

(4) Angenommen, es bleibt bei diesem einmaligen Produktivitätsverlust, so müßte der subventionierte Sektor in den folgenden Jahren durch überdurchschnittliche Produktivitätszuwächse mindestens 1 Mrd. D-Mark (diskontiert auf 1971) erbringen, um die Subvention volkswirtschaftlich lohnend zu machen.

So einfach dieser theoretische Zusammenhang ist, so schwierig ist die Berechnung in der Praxis: Hier liegen Forschungsaufgaben für die Ökonometrie.

II. Unterschranken des Gleichheitssatzes

Die Gestaltungsfreiheit des Subventionsgesetzgebers wird auch von anderen Verfassungsnormen, insbesondere Grundrechten beschränkt: Art. 1 I, 2 I, 12 I, 14, 15, 19 I 1, II, 20 I, 80, 88, 105 ff. GG[114], um nur die wichtigsten zu nennen. Diese Normen lassen sich unter dem Begriff des *Wirtschaftsverfassungsrechts* zusammenfassen[115]. Da es hier um den allgemeinen Gleichheitssatz geht, interessieren die Normen des Wirtschaftsverfassungsrechts nur insoweit, als sie zur Konkretisierung des Gleichheitssatzes dienen können. Das ist häufig der Fall, denn kein Grundrecht ist so in der Verfassung verschränkt wie der Gleichheitssatz[116]; die Auslegung des Gleichheitssatzes aus anderen Verfassungsnormen entspricht auch dem Interpretationsprinzip der Einheit der Verfassung[117] und dem Gedanken der verfassungskonformen Rechtsfortbildung[118]. In die Wertordnung des Grundgesetzes eingebettet, ist der allgemeine Gleichheitssatz nicht mehr formal und inhaltsarm[119].

Das Wirtschaftsverfassungsrecht wird weitgehend durch die Trias Grundrechte, Rechtsstaats- und Sozialstaatsprinzip bestimmt[120]; in dieser Reihenfolge sollen anschließend die Konkretisierungen des allgemeinen Gleichheitssatzes erörtert werden.

Weitere Schranken, auf die hier nicht näher einzugehen ist, finden sich in Kompetenznormen[121], im Gesetzmäßigkeitsprinzip mit dem Bestimmtheitsgrundsatz[122], im Haushaltsrecht[123], möglicherweise im Subsidiaritätsprinzip[124] und im internationalen Wirtschaftsrecht[125].

---

[114] Nach *Stern* DÖV 1961, S. 327 l. Sp.

[115] Vgl. *Ballerstedt*, Wirtschaftsverfassungsrecht, passim; *Ehmke*, Wirtschaft S. 7 ff.; *Ballerstedt*, Verhältnis S. 38 ff.; *Schmidt-Rimpler* S. 699 ff.; *Götz* S. 253 ff.; *Herbert Krüger*, Marktwirtschaft S. 15 ff.; ders., Allgemeine Staatslehre S. 575 ff.; *Rüfner*, Formen S. 138, 421 f.; *G. Rinck* S. 19 ff.; *Stein* S. 190 ff.; *Scheuner*, Wirtschaftslenkung S. 21 ff; *Zacher*, Aufgaben S. 549 ff.

[116] *Ipsen*, Gleichheit S. 164; vgl. *Rüfner*, Formen S. 131, Fußn. 29: Im Leistungsverwaltungsrecht werden alle Grundrechte vor allem zu Konkretisierungen des Gleichheitssatzes; es wäre sogar denkbar, daß ein großzügig entfalteter Gleichheitssatz nach Schweizer Vorbild — vgl. Art. 4 der Schweizer Bundesverfassung v. 29. 5. 1874 — die Funktion anderer Grundrechte erfüllte; ders., Staat 7, S. 45.

[117] *Hesse*, Verfassungsrecht S. 28.

[118] *Göldner* S. 235 Nr. 2; vgl. *Klein* S. 163 (Auslegung des Gleichheitssatzes aus der Verfassung); für die Heranziehung von Grundsatznormen des Grundgesetzes auch *Paulick*, Grundgesetz S. 99.

[119] *H. J. Rinck* JZ 1963, S. 524 ff. (525 l. Sp.) — Darum meint *Zacher* AöR 93, S. 356, das BVerfG habe nur hier „Boden unter die Füße bekommen".

[120] *Stern* DÖV 1961, S. 328 l. Sp.

[121] Art. 74 Nr. 11 GG; vgl. BVerfGE 4, 7; *Pöttgen* S. 83 ff.; *Badura* AöR 92, S. 394.

[122] Art. 80 I 2 GG, Art. 33 I 2 schleswig-holsteinische Landessatzung v. 15. 3. 62, GVOBl. S. 123; vgl. *Badura* AöR 92, S. 396 f.

1. Konkretisierungen des allgemeinen Gleichheitssatzes durch die (Wirtschafts-)Verfassung

a) Grundrechte

Wenn das Bundesverfassungsgericht Gesetzesnormen für gleichheitswidrig erklärt, beruft es sich zur Begründung weniger als in den verfassungsmäßigen Fällen auf Gerechtigkeit und Vernünftigkeit, sondern entnimmt den Wertentscheidungen des Grundgesetzes Maßstäbe zur Konkretisierung des Gleichheitssatzes[126], zumeist bislang Art. 6 I GG[127]. Auch andere Grundrechte wie Art. 7 IV[128], Art. 11, Art. 12 I (Berufslenkung)[129] können den Gleichheitssatz ausfüllen und den Spielraum des Gesetzgebers einschränken[130]; zu Art. 11 folgende Überlegung:

Es ist denkbar, daß regionalpolitisch gezielte Subventionen von solcher Wirkung sind, daß auf die in der subventionierten Region Beschäftigten ein faktischer Zwang ausgeübt wird, dort zu bleiben statt abzuwandern. Wird damit aber das Grundrecht auf Freizügigkeit aus Art. 11 GG berührt, das Recht (iVm. Art. 12 I 1 GG), den Arbeitsplatz an einem beliebigen Ort zu wählen? Das ist nicht der Fall, denn die Freiheit wird prinzipiell nicht beseitigt, die Beschäftigten bleiben freiwillig ihres Vorteils wegen. Fraglicher mag es in anderen Fällen sein,

---

[123] Nach § 14 Haushaltsgrundsätze-Gesetz iVm. §§ 10 III Nr. 2, 23 und 26 sowie entsprechend § 23 BHO iVm. §§ 39, 44 BHO und § 23 der schleswig-holsteinischen Landeshaushaltsordnung v. 22. 4. 71, GVOBl. S. 162, dürfen Subventionen nur dann gegeben werden, wenn der Subvenient ein erhebliches Interesse an der Erfüllung durch eine außerstaatliche Stelle hat, das ohne die Subvention nicht oder nicht im notwendigen Umfang befriedigt werden kann. Diese haushaltsrechtlichen Schranken sind jedoch ohne große Sanktionskraft.

[124] Vgl. *v. Münch* JZ 1960, S. 303 ff.; *Pöttgen* S. 92 ff.; *Herbert Krüger*, Allgemeine Staatslehre S. 772 ff.; *Wolff* III S. 136 ff.

[125] Subventionsverbote in Art. 4 c MUV und 92 Nr. 2 c EWG-Vertrag; vgl. *Hochbaum*, passim; *Langen* S. 82 ff.; *Koppensteiner* passim; *Steindorff* passim.

[126] *Mertens* S. 56; — Die Notwendigkeit, bei Verletzung spezieller Grundrechte auf den Gleichheitssatz zu rekurrieren, ergibt sich daraus, daß erst die ungleiche Zuteilung anspruchsbegründend sein kann (Art. 3 I a lex specialis, vgl. oben D III).

[127] BVerfGE 6, 55, 71; 9, 237, 248; 13, 290, 298 f.; 17, 210, 216 f.; 18, 257, 269; 28, 324, 349.

[128] BVerwGE 23, 347, 350.

[129] Denkbar wäre, daß eine Stipendienförderung nach wirtschaftlich wünschenswerten Berufszielen differenzierte, vgl. *Köttgen*, Fondsverwaltung S. 60; *Rüfner*, Formen S. 390, Fußn. 197. Eine solche Differenzierung könnte theoretisch das Grundrecht auf gleichen Zugang zu Ausbildungsstätten (Art. 12 I iVm. Art. 3 I GG) verletzen. — Dies ist jedoch im Zusammenhang mit Unternehmenssubventionen nicht zu behandeln. — Art. 12 (auch Art. 14) könnte auch dann aktuell werden, wenn ein Konkurrent infolge einer Subventionierung anderer vom Markt verdrängt wird, *Friauf*, Subventionen Sp. 426.

[130] Vgl. *Podlech* S. 135 ff.

wenn etwa die Konzentration der Förderungspolitik auf wenige Schwerpunktorte dazu führt, daß die Gebiete dazwischen veröden („passiv saniert" werden). Hier wirkt die Subvention wie ein Eingriff gegen die Nichtgeförderten, auf sie wird ein Mobilitätszwang ausgeübt, in den nächsten Schwerpunktort zu ziehen; das gilt zumindest für diejenigen, welche nach dem freiwilligen Abwandern ungebundener, meist qualifizierter Arbeitskräfte sich anschließen müssen.

Da es sich jedoch nur um einen mittelbaren staatlichen Eingriff durch eine unmittelbare Leistung handelt, wird man mit der Annahme einer Beschränkung der Freizügigkeit vorsichtig sein müssen. Selbst dann aber, wenn Art. 11 eingeschränkt wird, könnte der Gesetzesvorbehalt des Art. 11 II GG eingreifen, nach dessen 1. Alternative eine ausreichende Lebensgrundlage nicht vorhanden sein und der Allgemeinheit daraus besondere Lasten entstehen müßten. Hier ist allerdings ein strenger Maßstab anzulegen[131], es dürfte in Notstandsgebieten noch nicht einmal das Existenzminimum vorhanden sein[132] (fraglich).

In diesen Fällen der Konkretisierung des Gleichheitssatzes durch andere Grundrechte ist es aber nicht angebracht, von Akzessorietät des Gleichheitssatzes zu sprechen[133]; zwar kann eine andere Verfassungsnorm lex specialis gegenüber Art. 3 I GG sein, wenn sie die engere sachliche Beziehung zum Sachverhalt hat[134], aber sie kann auch lediglich den dominierenden Gleichheitssatz ausfüllen.

b) Verhältnismäßigkeitsprinzip

Aus dem Rechtsstaatsgedanken (Art. 20 II, III GG) wie auch aus Art. 19 II GG läßt sich der ursprünglich verwaltungsrechtliche Grundsatz der Verhältnismäßigkeit (Proportionalitätsprinzip) entnehmen[135], an den auch der Gesetzgeber gebunden ist[136]. Man sollte vielleicht der Klarheit halber besser vom „Übermaßverbot" als Oberbegriff für die Grundsätze der Geeignetheit, der Erforderlichkeit und der Angemessenheit (Verhältnismäßigkeit i. e. S.) des Mittels sprechen[137]. Mag es sich auch „nur" um ein Rechtsprinzip und nicht um einen unmittelbar an-

---

[131] BVerfGE 2, 266, 280.
[132] Vgl. *Wernicke* Anm. II 2 c zu Art. 11 GG (S. 8).
[133] *Salzwedel* S. 341 f. (ohne selbständige Substanz); vgl. *Lerche* AöR 90, S. 358.
[134] BVerfGE 13, 290, 296.
[135] Vgl. BVerfGE 10, 117 (rechtsstaatlicher Grundsatz); 25, 269, 292; *Stern* DÖV 1961, S. 328 l. Sp.; zu Art. 19 II GG *Lerche*, Übermaß S. 79; vgl. *Schmidt-Bleibtreu-Klein* Nr. 13 zu Art. 20; *Spanner* DÖV 1972, S. 217 r. Sp.
[136] BVerfGE 8, 80; 8, 328; vgl. Nachweise bei *Häberle*, Wesensgehaltsgarantie S. 67, Fußn. 361.
[137] *Wolff* III S. 143; vgl. *Lerche*, Übermaß S. 19, 21 f.; vgl. BVerfGE 31, 23.

wendbaren Rechtssatz handeln[138], so ist das Verhältnismäßigkeitsprinzip jedenfalls zur Konkretisierung des allgemeinen Gleichheitssatzes geeignet[139], es wurde sogar als praktisch bedeutendster Beurteilungsmaßstab für Subventionen bezeichnet[140].

aa) Grundsatz der Geeignetheit

Zunächst müssen Subventionen taugliche Mittel für den betreffenden Subventionszweck sein[141]. Eine Zweckverfehlung und damit eine Ungleichbehandlung läge z. B. darin, wenn ein Teil des Empfängerkreises nicht hilfsbedürftig wäre, so daß die Subvention nicht geeignet wäre, allen zu helfen[142]. Die Rechtsprechung ist bei diesem Kriterium großzügig. So braucht ein Mittel nicht unbedingt für einen zunächst angestrebten Endzweck geeignet zu sein, sondern die Eignung für ein Zwischenziel kann ausreichen[143]. Vor allem reichen selbst eindeutige Fehlprognosen des Gesetzgebers nicht aus, um ein Mittel als untauglich erscheinen zu lassen[144].

Diese großzügige Auffassung stellt die Wirksamkeit des Geeignetheitsprinzips und damit insoweit des Gleichheitssatzes in Frage, denn die objektive, ex post festzustellende Verfassungsmäßigkeit wird durch den ex-ante-Glauben des Gesetzgebers an die Verfassungsmäßigkeit ersetzt[145]. Damit kommt es wie bei dem Willkürverbot zu einer Minimalisierung (hier:) des Tauglichkeitsgebots, es sinkt herab zum bloßen Verbot absoluter Untauglichkeit, das dem Gesetzgeber einen unüberschaubaren Spielraum zubilligt[146].

Gerade im Wirtschaftsrecht ist das Geeignetheitsprinzip ein wichtiger Kontrollmaßstab gegenüber dem Gesetzgeber, der allenfalls dann an Bedeutung verlöre, wenn statt einer Zweckprüfung eine Wirkungsbilanz möglich wäre (s. o. FI 5b, ff); diese wäre jedoch, abgesehen von

---

[138] *Kriele* S. 312 (Nr. 9).

[139] Vgl. *Hueck* S. 323 (zumal der Begriff der relativen Gleichheit schon den Gedanken der Verhältnismäßigkeit enthält).

[140] Vgl. *Zacher* VVDStRL 25, S. 344; Institut „Finanzen und Steuern" S. 34.

[141] BVerfGE 14, 105, 118; 16, 181; 17, 317; 19, 101, 116; 19, 119, 126 f. (Mittel darf nur nicht schlechthin ungeeignet sein).

[142] *Henze* S. 102 (strenggenommen untaugliches Objekt, das jedoch auch das Mittel ungeeignet sein läßt).

[143] Vgl. BGHZ 15, 113, 118 (stufenweise Zielverfolgung zulässig).

[144] BVerfGE 12, 363; 18, 315, 332 und *Badura* AöR 92, S. 387 (Tauglichkeit ex ante zu beurteilen); 25, 1, 12 f.; 30, 250, 263, dazu kritisch *Kimminich* JZ 1971, S. 689 (nicht „objektive", sondern theoretische Untauglichkeit gemeint!); 30, 292, 316; — zustimmend auch *Zacher* AöR 93, S. 381.

[145] *Kloepfer* NJW 1971, S. 1585 r. Sp.

[146] Ebenda S. 1586 l. Sp.

den praktischen Schwierigkeiten, erst nach längerer Erfahrungszeit mit einem Gesetz zu erstellen[147].

bb) Grundsatz der Erforderlichkeit

Der Erforderlichkeitsgrundsatz[148] oder auch das Prinzip des mildesten Eingriffsmittels, wie es im Polizeirecht entwickelt wurde[149], hat auch im Subventionsrecht Bedeutung, denn als Eingriff kann man erstens die Finanzierung der Subventionen sehen, also den vorangegangenen, durch das Nonaffektationsprinzip verwischten Eingriff bei der Steuererhebung[150]. In diesem Punkt zeigt sich die gedankliche Nähe des Erforderlichkeitsprinzips zum Wirtschaftlichkeitsprinzip[151]: mit den geringsten Mitteln einen bestimmten Erfolg zu erreichen. Zum anderen können Subventionen, wie gezeigt, Eingriffe in die Wettbewerbsgleichheit bedeuten. So ist der Erforderlichkeitsgrundsatz beispielsweise verletzt, wenn statt an sich ausreichender Darlehen verlorene Zuschüsse gewährt werden[152].

cc) Grundsatz der Angemessenheit

Eine Subvention ist dann unverhältnismäßig oder unangemessen in bezug auf den Subventionszweck, wenn die aus der Subvention resultierenden Vorteile, insbesondere durch die Erreichung des Hauptziels, im Verhältnis zu den sich insgesamt ergebenden Nachteilen als zu klein eingeschätzt werden[153]. Selbstverständlich kann eine Verhältnismäßigkeitsprüfung nur bei solchen Gesetzesnormen stattfinden, die eine Relation von Mittel und Zweck aufweisen; das ist bei Maßnahmegesetzen und insbesondere Subventionsgesetzen stets der Fall[154].

Beispielsweise kann eine Norm unverhältnismäßig sein, wenn die Vorteile einer Subvention den hohen Verwaltungsaufwand nicht rechtfertigen[155]; wenn das Ziel einer steuerlichen Typisierung, die Arbeitsersparnis der Finanzverwaltung, nicht im rechten Verhältnis zur steuer-

---

[147] Ebenda S. 1586 r. Sp.
[148] Vgl. BVerfGE 21, 150, 155; 25, 1, 17 und 20; 30, 292, 316.
[149] Vgl. § 73 III schleswig-holsteinisches LVerwG v. 18. 4. 67, GVOBl. S. 131; ferner Legalbeispiel in § 2 III Wirtschaftssicherstellungsgesetz v. 3. 10. 68, BGBl. I S. 1069.
[150] Vgl. *Wolff* III S. 143; — (von anderen Einnahmequellen abgesehen).
[151] Vgl. *Eppe* S. 142 ff.
[152] Vgl. die Subventionsrichtlinien, GMBl. 1953, S. 151 (II A Z. 5); Institut „Finanzen und Steuern" S. 37.
[153] Vgl. ähnlich BVerwG NJW 1959, S. 1099 l. Sp.; *Eppe* S. 140.
[154] *Forsthoff*, Maßnahme-Gesetze S. 235 f.
[155] Institut „Finanzen und Steuern" S. 41; hohe Verwaltungskosten nach *Büssgen* S. 27.

lichen Belastung größerer Gruppen steht[156]; oder wenn unerwartete schädliche Nebenwirkungen auftreten[157].

Ein weiteres Beispiel aus der Rechtsprechung: Die Investitionshilfe-Entscheidung BVerfGE 4,7[158] erklärte die Förderung des Kohlenbergbaus, der eisenschaffenden Industrie und der Energiewirtschaft durch Beiträge der übrigen gewerblichen Wirtschaft für zulässig. Hier vermißt man die Prüfung, ob das Normziel (Ankurbelung der Wirtschaft durch Förderung der Schlüsselindustrien) die Differenzierung der Begünstigten und Benachteiligten trägt. Es ist fraglich, ob der Kohlenbergbau schlechthin förderungswürdig war[159], desgleichen die gesamte eisenschaffende Industrie. Auch wenn die Verwaltung im einzelnen über die Subventionierung entschied (§ 29 IHG), so wäre eine genauere Zielbestimmung im Gesetz angebracht gewesen. So blieb ungeprüft, ob das Investitionshilfe-Gesetz das angemessene Mittel zu seinem Zweck und damit gleichheitsgemäß war.

Kritisch ist zum Verhältnismäßigkeitsprinzip zu sagen, daß es nicht ohne Besinnung auf seine Herkunft aus dem Polizeirecht auf das Verfassungsrecht übertragbar ist: Der Gesetzgeber braucht gewiß einen weiteren Spielraum als eine Polizeibehörde[160]. Dennoch ist das Verhältnismäßigkeitsprinzip geeignet, die Rechtmäßigkeit von Gesetzen durch das Verhältnis vom richtigen Mittel zum richtigen Zweck zu prüfen[161] und bietet damit eine Handhabe, schematische Zieldurchsetzung des Gesetzgebers einzuschränken[162].

Dabei sind jedoch sowohl die formale Struktur des Übermaßverbots wie auch die nicht unerhebliche Gefahr subjektiver Wertung zu beachten, so daß der Gleichheitssatz nur mit gebührender Zurückhaltung durch das rechtsstaatliche Verhältnismäßigkeitsprinzip zu konkretisieren ist.

c) Sozialstaatsprinzip

Im Unterschied zur früher aktuelleren staatsbürgerlichen Gleichheit wird der Gleichheitssatz heute stärker vom sozialen Aspekt her ge-

---

[156] Vgl. BVerfGE 31, 130 f.; 31, 179.
[157] z. B. Preissteigerungen, Institut „Finanzen und Steuern" S. 43 f.
[158] Zum IHG vom 7. 1. 52, BGBl. I, S. 7; — zustimmend *Scheuner* DÖV 1956, S. 65.
[159] Braunkohlenbergbau? Grenzbetriebe, die bald Stillegungssubventionen erforderten?
[160] *Forsthoff*, Staat S. 138 ff., mit verhaltener Kritik an der seiner Meinung nach zu weitgehenden Kontrolle des BVerfG; — ähnlich schon *Scheuner* DÖV 1960, S. 610 r. Sp.; *Spanner* DÖV 1972, S. 218 r. Sp. (Geeignetheit).
[161] *Eb. Schmidt* S. 18.
[162] *Lerche*, Übermaß S. 351, 223.

prägt[163]. Das in Art. 20 I, 28 I 1 GG verankerte Sozialstaatsprinzip ist keine Leerformel, die jeder nach Gutdünken verstehen kann[164], sondern es bedeutet den Verfassungsauftrag zur fortschreitenden Verwirklichung des Gleichheitssatzes bis zu einem vernünftigen Maß[165], kurz den sozialen Ausgleich[166]. Genauer ist Lerches Definition, nach welcher das Sozialstaatsprinzip dreierlei enthält[167]:

— Erhaltung eines Mindestmaßes an sozialen Institutionen,
— Auftrag zur Beseitigung sozialer Mißstände,
— Ermächtigung des Gesetzgebers zur Errichtung neuer sozialer Ordnungen.

Da der Prozeß der Verwirklichung des Sozialstaatsprinzips noch längst nicht abgeschlossen ist[168], ist eine Konkretisierung des Gleichheitssatzes gerade durch das Sozialstaatsprinzip besonders wichtig.

Das Verhältnis von Sozialstaatsprinzip und Gleichheitssatz ist nicht ganz geklärt[169]. Nach der einen Theorie ist das Sozialstaatsprinzip eine dem Gleichheitssatz antithetisch gegenüberstehende Schranke[170], nach der anderen hängen beide Prinzipien etwa so zusammen, daß das Sozialstaatsprinzip die logische Fortsetzung des Gleichheitssatzes darstellt[171]. Diese Meinungsverschiedenheit ist mehr terminologischer als logischer Art, denn im Ergebnis besteht Einigkeit, daß das Sozialstaatsprinzip den Gleichheitssatz ausfüllt[172], ihn konkretisiert[173], d. h. Bewertungsgesichtspunkte für die zu prüfenden Sachverhaltsmerkmale liefert und so die Praktikabilität des Gleichheitssatzes als „Gleichbehandlungsgrundsatz"[174] mit gewährleistet[175]. Besonders stark wirkt sich das

---

[163] *Ipsen,* Gleichheit S. 175; vgl. BVerwGE 18, 352, 355; vgl. *Friauf* DVBl. 1971, S. 676.
[164] Vgl. *Forsthoff,* Staat S. 68.
[165] BVerfGE 5, 85, 206; zur Rspr. des BVerfG vgl. *Zacher* AöR 93, S. 362 ff.
[166] *Götz* S. 265; vgl. *Zacher* DÖV 1970, S. 3 l. Sp. (Milderung der Wohlstandsdifferenzen).
[167] *Lerche,* Übermaß S. 231 f.
[168] *Stein* S. 195 (noch weit entfernt); auch vom BVerfG nicht genügend berücksichtigt, so *Zacher* AöR 93, S. 361, 371.
[169] *Krause* S. 13 („ganz unsicherer Boden").
[170] *Hamann,* Rechtsstaat S. 55 f.; *Stern* DÖV 1961, S. 328 l. Sp.; BVerGE 12, 354, 367.
[171] *Dicke* S. 125 ff. (128); vgl. *Götz* S. 263 f.; vgl. *Zacher* DÖV 1970, S. 10 l. Sp. (Gleichheit fordert Umverteilung, steuert sie aber nur schwach — das wäre Aufgabe des Sozialstaatsprinzips); vgl. oben Fußn. 165.
[172] *Ipsen,* Gleichheit S. 173.
[173] *Götz* S. 268; *Podlech* S. 207 f.
[174] *Link* DVBl. 1972, S. 70 l. Sp. (zit. Häberle, Leits. 42).
[175] *Wolff* III S. 141; *Eppe* S. 124 (Durch das Sozialstaatsprinzip wird der Gleichheitssatz erst zum Teilhabegebot.).

II. Unterschranken des Gleichheitssatzes

Sozialstaatsprinzip bei Subventionen mit sozialpolitischen Zwecken aus, wie z. B. bei der Mittelstandsförderung. Götz unterscheidet zwei Fälle unterschiedlicher Schrankenintensität[176]:

Bei gleicher Wirtschaftstätigkeit und gleicher Sozialbedürftigkeit wirkt sich der Sozialstaatsgedanke stärker aus, hier ist der Entscheidungsspielraum des Gesetzgebers durch den Gleichheitssatz eingeengt[177].

Bei gleicher Wirtschaftstätigkeit und unterschiedlichem Sozialstatus wirkt das Sozialstaatsprinzip nur einseitig zugunsten der Schwächeren, d. h. z. B. eine einseitige Subventionierung ertragsstarker Großunternehmen zulasten von Klein- und Mittelbetrieben derselben Branche kann den sozialstaatlich konkretisierten Gleichheitssatz verletzen[178]. Hier besteht aber ein größerer Spielraum des Gesetzgebers als im ersten Fall. So wird in Krisenhilfefällen gerade großen Unternehmen eher geholfen, sowohl aus strukturpolitischen als auch aus sozialpolitischen Gründen (Erhaltung zahlreicher Arbeitsplätze). Eine solche Großzügigkeit erweckt jedoch Bedenken, denn dies bedeutet eine einseitige Sozialisierung der Verluste, die kleineren Unternehmen nicht zuteil wird.

Eine Bevorzugung der sozial stärkeren gegenüber sozial schwächeren Unternehmen kann zwar im Einzelfall gerechtfertigt sein; mangels erheblicher sozialpolitischer Gründe müßten allerdings sehr gewichtige wirtschaftspolitische Gründe dafür sprechen, z. B. wenn es um einen regional überaus wichtigen Schlüsselbetrieb geht.

Umgekehrt ist eine Subventionierung der sozial schwächeren Unternehmen eher durch das Sozialstaatsprinzip zu rechtfertigen[179], und in der stark betriebenen Mittelstandsförderung wird ersichtlich, daß das Wachstumsziel nicht dominierendes Oberziel gegenüber dem sozialstaatlichen Verteilungsziel ist[180].

---

[176] *Götz* S. 268 ff.
[177] Vgl. BVerfGE 16, 147, 185 (mittelständisches Verkehrsgewerbe).
[178] Vgl. *Dicke* S. 131 — Auch umsatzabhängige Subventionen begünstigen die „Großen" und benachteiligen die „Kleinen", mag auch strukturpolitisch das Ausscheiden unrentabler Kleinbetriebe beabsichtigt sein. — Bedenklich sind auch einseitige Steuervergünstigungen für diejenigen Steuerpflichtigen, die ihre Gewinne nach § 4 I, § 5 EStG ermitteln, so *Paulick*, Lenkungsfunktion S. 222; — auch ein degressives Steuersystem wäre mit dem Gleichheitssatz unvereinbar.
[179] Vgl. die Subventionen für Betriebsberatung in kleineren Gewerbebetrieben, Richtlinien in Ministerialblatt des BMW 1970, S. 45 f.; ferner strukturpolitische Grundsätze in BT-Drucks. VI/1666 v. 29. 12. 70; vgl. ERP-Wirtschaftsplangesetz v. 26. 7. 71, BGBl. I, S. 1065, Titel 86201; — vgl. ferner *Friauf* DVBl. 1971, S. 678 r. Sp.
[180] *Welter* S. 27.

Nicht immer jedoch kann das Sozialstaatsprinzip eine sozialpolitisch motivierte Subvention rechtfertigen: Das Gleichheitsprinzip darf nicht durch zu weitgehende Sozialgestaltung aufgelöst werden[181].

Als Ergebnis läßt sich formulieren, daß der allgemeine Gleichheitssatz um so stärker durch das Sozialstaatsprinzip konkretisiert werden kann und demzufolge um so höhere Anforderungen an Differenzierungsziele zu stellen sind, je stärker bei einer Subvention sozialpolitische gegenüber wirtschaftspolitischen Zielen dominieren[182].

2. Systemgerechtigkeit

Der Begriff der Systemgerechtigkeit taucht in der Rechtsprechung des Bundesverfassungsgerichts zwar des öfteren im Zusammenhang mit der Sachgerechtigkeitsschranke auf[183], wird aber kaum als echte Schranke des Gleichheitssatzes gebraucht („allenfalls Indiz für Willkür", s. u.); daher ist hier der Ort, den Begriff zu analysieren und seine Bedeutung zu würdigen. Zunächst sei ein Überblick über die bisherige Rechtsprechung gegeben.

a) Rechtsprechung zur Systemgerechtigkeit

(1) BVerfGE 9, 20, 28 befand, eine Sondervorschrift verstoße nicht schon dadurch gegen den allgemeinen Gleichheitssatz, daß sie von den Grundregeln eines Rechtsbereichs abweiche; es komme allein darauf an, daß die Sondernorm sachlich hinreichend gerechtfertigt sei, und die Systemwidrigkeit einer Einzelvorschrift sei allenfalls als Indiz für Willkür zu werten.

(2) Dieser Leitentscheidung folgten die weiteren mit Modifikationen. In BVerfGE 9, 201, 207 hieß es, eine sachlich begründete Sondervorschrift (hier: keine Waisenrente für „scheineheliche" Kinder) verstoße nicht ohne weiteres gegen den Gleichheitssatz, wenn sie von den einen Rechtskreis bestimmenden Regeln (hier: des bürgerlichen Rechts) abweiche[184].

(3) BVerfGE 11, 283, 293 sagte, Sachverhalte aus verschiedenartigen rechtlichen Ordnungssystemen (hier: Sozialversicherungs- im Unterschied zu Privatversicherungsrecht) könnten unterschiedlich geregelt werden.

---

[181] BVerfGE 12, 354, 367 (355, Leits. 6).
[182] Vgl. *Fröhler* S. 117, aber einschränkend *Rüfner*, Formen S. 207 (bei Subventionen mit sozialpolitischen Zwecken sind Primär- und Endziel oft identisch, d. h. es gibt ohnehin kein wirtschaftspolitisches Ziel); — so dürfte z. B. bei einer sozialpolitisch begründeten Flüchtlingshilfe nicht o. w. nach gewählter Branche differenziert werden.
[183] Vgl. *Leibholz-Rinck* Anm. 11 zu Art. 3 (S. 73).
[184] Vgl. zustimmend *Rüpke* S. 139 f.

(4) BVerfGE 12, 341, 349 wies darauf hin, daß eine Systemwidrigkeit (hier: Umsatzsteuergesetz) gegen den Gleichheitssatz verstoßen könne.

(5) BVerfGE 13, 31, 38[185] erklärte erstmals eine Vorschrift wegen Systemwidrigkeit für verfassungswidrig, weil der Gesetzgeber im Bundesentschädigungsgesetz anders als in sonstigen Gesetzen einen Stichtag für die Wiedergutmachungsleistung festsetzte, ohne für die Einführung eines Stichtages überhaupt, noch für die Wahl des Zeitpunkts einen vertretbaren Grund zu haben.

Die Argumentation ist jedoch nicht ganz überzeugend, man vermißt die Begründung, warum in der Festsetzung eines Stichtages eine Systemwidrigkeit und nicht nur eine geringfügige sachliche Abweichung liegt und warum die angebliche Systemwidrigkeit so schwer wiegt, daß sie zur Gleichheitswidrigkeit führt[186].

(6) BVerfGE 13, 331, 340 setzte diese Wendung zur strengeren Beachtung der Systemwidrigkeit fort, indem sie sachlich vertretbare Gründe für ein Abweichen vom System nicht genügen ließ:

„Bestimmt ein Steuergesetz den Steuergegenstand grundsätzlich nach Rechtsformen des bürgerlichen Rechts, so ist eine Sonderregelung, die die benützte zivilrechtliche Ordnung und damit die vom Gesetzgeber selbst statuierte Sachgesetzlichkeit durchbricht, nur dann im Sinne der Rechtsprechung des Bundesverfassungsgerichts zu Art. 3 Abs. 1 GG sachlich hinreichend gerechtfertigt, wenn sie von *überzeugenden* Gründen getragen wird; dies gilt vor allem, wenn die Sonderregelung die zivilrechtliche Ordnung gerade an einer Stelle durchbricht, die deren eigentliche Bedeutung ausmacht[187]."

(7) BVerfGE 17, 210, 221 schwächte die neue Tendenz wieder ab, indem sie sagte, der Gesetzgeber sei verfassungsrechtlich nicht zur *Konsequenz* in dem Sinne verpflichtet, daß er eine bestimmte Wertentscheidung in anderen Gesetzen weiterverfolgen müsse.

(8) BVerfGE 17, 232, 249 wies darauf hin, daß die gesetzlichen Ausnahmen vom Verbot des Mehrbetriebs von Apotheken sachlich gerechtfertigt seien und die *Gesamtkonzeption* nicht in Frage stellen. Damit geht das Gericht davon aus, daß eine bestehenden „Gesamtkonzeption" nicht ohne weiteres verlassen werden darf.

---

[185] Zustimmend *Fuss* JZ 1962, S. 740 f.; vgl. *Podlech* S. 124; — vgl. eine andere Stichtagsregelung unten (16).
[186] Es besteht der Eindruck der Ergebnisorientiertheit (als wollte man dem Antragsteller helfen).
[187] Unterstreichung von mir; vgl. oben D II Fußn. 70; — zur Ordnungsfunktion des bürgerlichen Rechts für den Steuergesetzgeber vgl. kritisch *Flume* DB 1962, S. 381 ff.; *Hartz* S. 109 (noch wenig geklärt).

F. Engere Bindung des Subventionsgesetzgebers

(9) BVerfGE 21, 87, 91 bekräftigte, Sonderregelungen seien zulässig, wenn besondere Verhältnisse sie rechtfertigten. Von einer selbstgewählten Regel[188] dürfe der Gesetzgeber nur abweichen, wenn ein sachlicher Grund vorliege[189].

(10) BVerfGE 23, 327, 339, 345 ist die zweite Entscheidung, die wegen Systemwidrigkeit zum Verdikt der Verfassungswidrigkeit kam (unsystematische Abstufung der Abgabeermäßigung für Krankenanstalten).

(11) BVerfGE 24, 75, 100 wiederholte, daß Sondervorschriften nicht schon deswegen gegen den allgemeinen Gleichheitssatz verstießen, weil sie von der Grundregel eines Rechtsbereichs abwichen, wenn sachliche Gründe vorhanden seien.

(12) BVerfGE 25, 236, 251 f. ist die dritte und letzte Entscheidung mit dem Tenor Verfassungswidrigkeit, weil die selbstgesetzte Sachgesetzlichkeit durchbrochen worden sei[190].

(13) BVerfGE 25, 314, 321 f. stellte fest, der Gesetzgeber sei nicht verpflichtet, das System der gesetzlichen Rentenversicherung für Arbeiter und Angestellte auch auf die Altershilfe für Landwirte auszudehnen, da diese weniger schutzbedürftig seien.

(14) Nach BVerfGE 26, 327, 334 verstieß das Abweichen einer Steuernorm vom Handelsrecht (Durchbrechung der Einheit der Rechtsordnung) nicht gegen den allgemeinen Gleichheitssatz, weil es durch die Eigenart des fiskalischen Zwecks gerechtfertigt war.

(15) BVerfGE 27, 111, 127 verneinte einen Systembruch betr. § 17 EStG 1965, der Gesetzgeber habe von seiner Freiheit zur Erschließung von Steuerquellen einen zulässigen Gebrauch gemacht.

(16) BVerfGE 32, 157, 168 erklärte eine Ausnahmeregelung für bebestimmte Abgeordnete von einer Stichtagsregelung für vertretbar, weil die Anrechnung der Abgeordnetentätigkeit in einer früheren Legislaturperiode des Hessischen Landtags auf die Abgeordnetenpension vom gesetzlichen Ziel der Umstrukturierung des Landtags gedeckt sei[191].

---

[188] Hier: Aufgabe der Allgemeinheit, die Kindererziehung mitzufinanzieren.

[189] Hier: Angehörige des öffentlichen Dienstes erhalten statt des Kindergeldes nach dem BKGG einen Ersatzanspruch in gleicher Höhe.

[190] Wenn Dentisten einerseits ausdrücklich zur Berufsausübung berechtigt seien, andererseits nach dem Zahnheilkundegesetz keine Kassenpatienten behandeln dürften, liege ein innerer Widerspruch vor, und das Ziel des Schutzes der Volksgesundheit könne diese Differenzierung nicht rechtfertigen.

[191] Dagegen heißt es im Minderheitsvotum S. 172 (u. a. Leibholz) nicht recht überzeugend, da ohne nähere Begründung, es spreche nichts dafür, daß die älteren Abgeordneten die „pluralistische" Zusammensetzung des Landtags erschwert hätten.

Soweit der Überblick über die Rechtsprechung. Danach ergibt sich eine Abstufung insofern, als der Gesetzgeber bei der ersten Regelung auf einem Teilgebiet weitgehend frei ist, danach aber an selbstgesetzte Regelungen in zunehmendem Maße gebunden ist[192].

b) Literatur zur Systemgerechtigkeit und Kritik

Auch die Literatur beurteilt die Systemgerechtigkeit zurückhaltend. Zwar heißt es einerseits, Systemwidrigkeit bedeute in der Regel, wenn auch nicht notwendig Willkür[193]; die Richtliniengesetze, z. B. § 1 Stabilitätsgesetz, seien gerade für die zukünftige Gesetzgebung verbindlich[194]; der Gesetzgeber sei an die bisherigen Subventionsgesetze insofern gebunden, als er aus dem *Vertrauensschutzprinzip* (Verbot des venire contra factum proprium)[195] heraus die vorhandenen Anhaltspunkte für Differenzierungen beachten müsse.

Andererseits überwiegen die kritischen Voten[196]: Es gebe kein Grundrecht auf strukturgerechtes Vorgehen des Gesetzgebers, auch der Gleichheitssatz sei nur äußerstes Regulativ für offensichtlichen Machtmißbrauch[197]; es könne im Unterschied zur Ermessensselbstbindung der Verwaltung keine Selbstbindung des Gesetzgebers geben[198], insbesondere nicht an die Gesetze früherer Legislaturperioden wegen des demokratischen Prinzips (Art. 20 I GG), ebensowenig bei verschlechterter Haushaltslage[199]; der Gesetzgeber sei nach Art. 20 III GG ausdrücklich nur an die verfassungsmäßige Ordnung, nicht an Recht und Gesetz gebunden, d. h. er könne ohne weiteres Gesetze ändern, auch wenn sie etwa für eine längere Geltungsdauer vorgesehen seien (kein Vertrauensschutz)[200].

---

[192] Vgl. Arndt, Gedanken S. 184.
[193] *Canaris* S. 159.
[194] *Badura*, Wirtschaftsverwaltungsrecht S. 255; — § 1 StabilitätsG justiziabel, so *Stern-Münch* S. 91 f. (VIII zu § 1): echte Rechtspflicht; *Friauf* VVDStRL 27, S. 37; *Scheuner*, Wirtschaftslenkung S. 67; a. M. *Schmidt-Preuß* DVBl. 1970, S. 539 (politisches Ziel).
[195] *Heinze* S. 85; fragend *Lerche* DÖV 1961, S. 488 l. Sp.; BVerfGE 30, 387; 31, 225 (Vertrauensschutzgedanke aus dem Rechtsstaatsprinzip); *Wolff III* S. 143; *Ossenbühl* DÖV 1972, S. 30 ff. kritisch (kein Vertrauen auf die Kontinuität der Gesetzgebung); — ferner für die Systemgerechtigkeits-Schranke *Rüpke* S. 136.
[196] z. B. auch *Lerche* AöR 90, S. 362; *Lange*, Verwaltung 1971, passim.
[197] *Lerche* DÖV 1961, S. 487 r. Sp.
[198] Vgl. zur Ermessensselbstbindung *Lademann* SchlHA 1966, S. 211 f.; BVerwG MDR 1969, S. 696.
[199] *v. Münch*, AöR 85, S. 283.
[200] *Maunz-Dürig-Herzog* Rdnr. 139 zu Art. 20 GG.

Soweit die Stellungnahmen aus der Literatur, die durch einige Überlegungen ergänzt werden sollen.

Dem Argument der Systemgerechtigkeit entspricht im vorrechtlichen Feld die Berufung des Bundesverfassungsgerichts auf die „Lebensbereiche" im Rahmen der Sachgerechtigkeits-Schranke[201] — Einwände lassen sich von da übertragen.

Ein weiterer Zusammenhang mit den obigen Erörterungen ergibt sich daraus, daß die Systemgerechtigkeit als Spezialfrage der Konkretisierung des Gleichheitssatzes durch die Rechtsordnung (s. o. E II 3 a) angesehen werden kann: Hier geht es nur um diejenigen Normen, welche mit der zu prüfenden Norm in systematischem Zusammenhang stehen, während im Rahmen des Maßstabs der positiven Rechtsordnung auch einzelne sachlich zugehörige, obschon systemfremde Normen berücksichtigt werden können. Insofern ist die Systemgerechtigkeit als Verengung des Maßstabs der positiven Rechtsordnung gedacht, obwohl bei einer in der Praxis möglichen Ausuferung des Systembegriffs die Grenzen verschwimmen.

Drittens: Die Frage der Systemgerechtigkeit deckt sich nicht ganz mit dem Stichwort Selbstbindung des Gesetzgebers[202], denn Selbstbindung kann sich ebenfalls auf systemfremde Normen beziehen, aber im wesentlichen besteht Kongruenz.

Die Frage, ob eine Gleichheitsschranke Systemgerechtigkeit bzw. Selbstbindung des Gesetzgebers anzuerkennen ist, hängt ab von der Abwägung zwischen dem Vertrauen auf Systemgerechtigkeit, Kontinuität und Einheit der Rechtsordnung einerseits und zwischen der notwendigen wirtschaftspolitischen Freiheit des Gesetzgebers auf der anderen Seite[203]. Beide Seiten sind als prinzipiell gleichwertig zu betrachten, denn die Systemgerechtigkeit ist noch aus weiteren Gründen theoretisch anzuerkennen. Einmal könnte es sein, daß die Selbstbindung ein allgemeiner Rechtsgrundsatz für alle drei Gewalten ist, für die ausführende, die rechtsprechende[204] und auch für die gesetzgebende Gewalt.

Zum anderen, und das scheint von besonderer Bedeutung zu sein, ist das Argument der Systemgerechtigkeit auf das dogmatisch entwickelte[205]

---

[201] Vgl. *Zacher* AöR 93, S. 355; vgl. oben D IV 1 a, Fußn. 100.
[202] Vgl. Terminus bei *Rüpke* S. 147; *Götz* S. 268.
[203] Vgl. *Lerche* DÖV 1961, S. 488 l. Sp.; vgl. die Abwägung zwischen Vertrauensschutz und Allgemeinwohl in BVerfGE 31, 228.
[204] Vgl. die Selbstbindung der Gerichtsbarkeit (als Einheit genommen), z. B. §§ 130 II, 144 VI VwGO, Bindung an das Rechtsmittelgericht; direkte Selbstbindung § 318 ZPO (innere Rechtskraft); umgekehrt Bindung des Ober- an das Untergericht vgl. § 562 ZPO.
[205] Keine legislatorische Schöpfung, so *Esser*, Vorverständnis S. 97; aber Niederschlag im Aufbau der Gesetze, *Esser*, Grundsatz S. 6.

Rechtssystem bezogen[206], welches seinerseits Spiegelbild der Einheit der Rechtsordnung ist[207]. Wenn man von der Aufgabe des Systems ausgeht, ein richtiges Verhältnis von Regel und Ausnahmen zu schaffen, und wenn man den heuristischen Kreislauf zwischen Problementdeckung, Prinzipienbildung und Systemverfestigung sieht[208], spricht das eher für als gegen das Argument der Systemgerechtigkeit.

Weitere Argumente gegen eine Anerkennung der Systemgerechtigkeit wiegen nicht so schwer, etwa der Gedanke „lex posterior derogat legi priori", d. h. selbst wenn der Gesetzgeber ältere entgegenstehende Normen übersehen hat, verlieren sie ohne weiteres ihre Geltungskraft; oder der positivistisch-legalistische Zug der Systemgerechtigkeit, der damit zusammenhängende Konservativismus[209] — dagegen läßt sich einwenden, eine derart „konservative" Haltung dient vielmehr der Rechtssicherheit[210] und überläßt Reformen funktionsgerecht grundsätzlich dem Gesetzgeber[211].

Bei der genannten Abwägungsaufgabe wird entsprechend dem Prinzip der praktischen Konkordanz[212] jeweils im Einzelfall zu entscheiden sein, ob die Systemgerechtigkeit gegenüber der wirtschaftspolitischen Gestaltungsfreiheit des Gesetzgebers stärker oder schwächer durchschlägt, in jedem Falle aber so, daß beide Seiten möglichst wenig an Bedeutung verlieren und optimal verwirklicht werden.

Bei der Anwendung der Systemgerechtigkeit als Konkretisierungshilfe ergibt sich aber eine Schwierigkeit. Nicht nur die Erfassung einer bestimmten Norm im Systemzusammenhang kann problematisch sein[213], sondern auch die grundlegende Frage, welches System entscheidend sein soll. So kann z. B. eine zu prüfende Norm mit einem unteren System (Umsatzsteuerrecht) unvereinbar sein, wohl aber mit dem übrigen Steuerrecht, dem öffentlichen Recht, dem deutschen Recht, hingegen mit dem Recht anderer EWG-Staaten wieder nicht harmonisieren usw.; hier bleibt der Systembegriff der Rechtsprechung unklar[214], und hier liegt ein Feld für eingehende dogmatische Untersuchungen.

---

[206] Zum Rechtssystem vgl. *Coing* S. 344 ff; vgl. den Rang der systematischen Interpretation in der juristischen Hermeneutik (Zusammenhang der Normen mit der gesamten Rechtsordnung, *Bartholomeyczik* S. 62).
[207] *Radbruch*, Einführung S. 257; *Dahm* S. 66.
[208] *Esser*, Grundsatz S. 7.
[209] *Zacher* AöR 93, S. 353 — vgl. die überholte Systemgläubigkeit des 17. Jh., *Esser*, Vorverständnis S. 97.
[210] *Fuss* JZ 1962, S. 601 r. Sp.
[211] BVerfGE 11, 283, 293.
[212] *Hesse*, Verfassungsrecht S. 28 f. (speziell bei Freiheitsgrundrechten).
[213] *Fuss* JZ 1962, S. 566 r. Sp.
[214] *Zacher* AöR 93, S. 354, vgl. *Tipke* NJW 1970, S. 1875 l. Sp.

3. Wirtschaftspolitische Oberziele

a) Ziele des Grundgesetzes

Wirtschaftspolitische Oberziele in einfachen Gesetzen (z. B. § 1 Stabilitätsgesetz) betreffen das behandelte Problem der Selbstbindung des Gesetzgebers; wirtschaftspolitische Oberziele in der Verfassung sind darüber hinaus als leges superiores für den Gesetzgeber verbindlich.

Kein ausreichender Differenzierungsgrund ist ein wirtschaftspolitisches Ziel, das einem in der Verfassung enthaltenen Oberziel, insbesondere dem gesamtwirtschaftlichen Gleichgewicht (Art. 109 II GG) widerspricht. Ein solcher Widerspruch ist in der Praxis nicht leicht festzustellen, es mangelt auch an theoretischer Durchdringung, von Ansätzen abgesehen[215]. Dem gesamtwirtschaftlichen Gleichgewicht (speziell: dem Wachstumsziel) widersprechen jedenfalls grundsätzlich Erhaltungssubventionen, wenn nicht anderweitige volkswirtschaftliche Vorteile diesen Mangel aufwiegen. Die Rechtsprechung sollte mögliche Verstöße gegen verfassungsrechtliche wirtschaftspolitische Oberziele nicht ungeprüft lassen, dies vermißt man z. B. in BVerfGE 21, 150, 155 f. Hier wird § 1 I 1, 2 des Weinwirtschaftsgesetzes[216] für verfassungsmäßig erklärt, und zwar u. a. mit der lakonischen Bemerkung, die Erhaltung der Qualität des deutschen Weins, die Sicherung seines Absatzes und der Schutz des einheimischen Winzerstandes seien legitime wirtschaftspolitische Ziele, dies bedürfe keiner weiteren Begründung (!). Es ist denkbar, daß die genannten Ziele mit dem Wachstums- und Wohlstandsziel des Art. 109 II GG nicht ganz harmonieren, dem sinnvollerweise die Sicherung eines qualitativ und quantitativ ausreichenden Weinangebots für den deutschen Markt entsprechen würde, d. h. es müßte — im Rahmen der EWG — nicht unbedingt der deutsche Weinbau geschützt und gefördert werden. Mag das Ergebnis auch zu rechtfertigen sein, so ist die kritiklose Übernahme irgendwelcher von Verbänden in Gesetze lancierter Ziele nicht angebracht.

In der Praxis wird es allerdings häufig so sein, daß ein Subventionsziel mit dem einen Oberziel harmoniert, mit einem anderen nicht. Dann wird nur selten Gleichheitswidrigkeit anzunehmen sein; es kommt dabei aber auf den Einzelfall an. Für eine Verfassungswidrigkeit könnte es z. B. sprechen, wenn das Subventionsziel bei Neutralität gegenüber anderen Oberzielen gerade dem wirtschaftspolitisch aktuellen, d. h. besonders gefährdeten Oberziel (z. B. Preisstabilität) widerspricht.

---

[215] Vgl. *Hockel* BB 1970, S. 1032 ff.
[216] Vom 29. 8. 61, BGBl. I, S. 1622 (Neuanbaugenehmigungen können bei schlechten Böden und ungeeigneten Rebsorten versagt werden.).

b) Ziele des Bundesrechts als Schranken für den Landesgesetzgeber

Wenn bisher nur vom Gesetzgeber gesprochen wurde, war damit der Bundesgesetzgeber gemeint, die Ausführungen gelten aber gleichermaßen für die Landesgesetzgeber, die am Schluß noch besonders erwähnt werden sollen, weil sie in einer Hinsicht einer noch stärkeren Bindung unterliegen.

Ähnlich wie die Verwaltung durch Differenzierungsmaßstäbe in einfachen Gesetzen stärker an den Gleichheitssatz gebunden ist als der Gesetzgeber[217], so ist auch der Landesgesetzgeber stärker als der Bundesgesetzgeber durch den Gleichheitssatz gebunden, weil er Konkretisierungen und Differenzierungsmaßstäbe des höherrangigen Bundesrechts (Art. 31 GG) beachten muß, auch aus Rechtsverordnungen. § 2 des Gesetzes über die Gemeinschaftsaufgabe Verbesserung der regionalen Wirtschaftsstruktur[218] erklärt darüber hinaus auf einem bestimmten Gebiet die Grundsätze der allgemeinen Wirtschaftspolitik der Bundesregierung für die Länder verbindlich, d. h. auch Ziele, wie sie im Jahreswirtschaftsbericht veröffentlicht werden[219].

c) Ziele des inter- und supranationalen Rechts

Der Gesetzgeber ist auch an zwischen- und überstaatliches Recht gebunden (vgl. oben C II 1 a). Subventionen dürfen nicht den wirtschaftspolitischen Oberzielen des EWG-Vertrages widersprechen. Daher ist ein früheres Hauptziel der Subventionspolitik, das Autarkieziel[220], suspekt geworden. Das Bestreben, etwa in der Energieversorgung oder im Luftverkehr nicht zu sehr vom Ausland abhängig zu sein[221], besteht noch heute in der deutschen Wirtschaftspolitik. Das Autarkieziel ist aber ökonomisch gesehen ein Verstoß gegen das Prinzip der internationalen Arbeitsteilung, nämlich dort zu produzieren, wo es am kostengünstigsten ist. Nimmt man allerdings das erwähnte Sicherheitsziel hinzu (s. o. C II 3), so können nach sorgfältiger Prüfung und Abwägung selbst Erhaltungssubventionen, wie sie die Kohlenbergbau-Subventionen

---

[217] Vgl. BVerfGE 7, 282, 297; 13, 248, 255; BVerwGE 12, 16, 20; BGHZ 52, 325, 330 f.; *Götz* S. 272; *Dicke* S. 129; *Stein* S. 232 ff.
[218] Vom 6. 10. 1969, BGBl. I, S. 1861.
[219] Nach § 2 StabG; zuletzt vom 28. 1. 1972, BT-Drucks. VI/3078.
[220] Vgl. *Zachau-Mengers* S. 19, 21 (Überfremdungsangst); *Hoefer* S. 20 ff.; *Hedemann*, Wirtschaftsrecht S. 160 ff.; *Meinhold*, Subventionen S. 236 ff.
[221] *Andel* S. 143.

(B I 1 c, aa)[222] z. T. darstellen, zu einem gewissen (beschränkten) Grad gerechtfertigt sein.

Damit ergeben sich also weitere materiale Schranken für den Subventionsgesetzgeber aus wirtschaftspolitischen Oberzielen des Verfassungsrechts, aus supranationalem Recht sowie für den Landesgesetzgeber aus Bundesrecht.

---

[222] Zum Sicherheitsargument vgl. *Andreae,* Monatsblätter für freiheitl. Wirtschaftspolitik 1966, S. 601; vgl. zur deutschen Energiepolitik und Versorgungssicherheit BVerfGE 30, 292, 294 f.

Schluß

Das Ergebnis der Arbeit ist, mit einem Wort gesagt, dies, daß der allgemeine Gleichheitssatz dem Subventionsgesetzgeber engere Schranken zieht, als die Rechtsprechung des Bundesverfassungsgerichts und die übrigen Vertreter der herrschenden These vom Willkürverbot wahrhaben wollen.

Es ist gezeigt worden, daß der praktizierte Minimalismus der Gleichheitsprüfung, der Quietismus, welcher Reformen allein dem Gesetzgeber überläßt[1], zu einer Domestizierung und Verflachung des Gleichheitssatzes geführt haben[2], die keineswegs notwendig gewesen wäre. Es ist nach allem juristisch weder zwingend geboten noch vertretbar, daß sich die Verfassungsrechtsprechung zur Peripherie zurückzieht[3] und trotz anderslautender Beteuerungen effectiv „judicial self-restraint"[4] übt, eine Selbstbeschränkung, die sie in diesem Punkt ein wenig in die Nähe von Montesquieus Gesetzeswahrern bringt: „Mais les Juges de la Nation ne sont... que la bouche qui prononce les paroles de la Loi; des Etres inanimés qui n'en peuvent modérer ni la force ni la rigueur[5]."

Wie Badura 1967 feststellte (und das gilt nach wie vor), ist das Bundesverfassungsgericht den wenigen Ermunterungen der Verfassungsrechtslehre nicht gefolgt, dem Gesetzgeber engere Grenzen zu ziehen[6]. Der Verfasser hofft, daß es ihm gelungen ist, die Argumente darzulegen, die solche Ermunterungen stützen können.

Wenn Dürig beklagte, eine Untersuchung des Willkürbegriffs stehe noch aus, die über die Klauseln wie „vernünftige Gründe" hinausführe[7]; wenn Kriele warnte, die richterliche Auslegung und Anwendung des Grundgesetzes habe eine Wirklichkeit geschaffen, die der Kontrolle durch die Staatsrechtswissenschaft zu entgleiten drohe[8] oder wenn

---

[1] Vgl. BVerfGE 11, 293; *Zacher* AöR 93, S. 357.
[2] *Zacher* AöR 93, S. 360 f.
[3] Ebenda S. 361.
[4] Vgl. *Kutscher* S. 239; *Badura* AöR 92, S. 400; *Kriele* S. 16; *Schmidt-Preuß* DVBl. 1970, S. 539; *Herbert Krüger* DÖV 1971, S. 290 r. Sp., 293 r. Sp.
[5] *Montesquieu* S. 127 (11. Buch, 6. Kap.); vgl. S. 124 (en quelque façon nulle).
[6] *Badura* AöR 92, S. 383.
[7] *Dürig* Sp. 987.
[8] *Kriele* S. 16.

Wagner kritisierte, es seien noch nicht einmal Ansätze für Zulässigkeitskriterien von Subventionszielen entwickelt worden[9], so sollte hier der Versuch gemacht werden, nach einer Bestandsaufnahme diese Lücken wenigstens ansatzweise zu schließen.

Zur weiteren Konkretisierung und Praktikabilisierung bedarf es allerdings noch erheblicher Forschungsarbeit[10], insbesondere einer stärkeren Zusammenarbeit von Rechts- und Wirtschaftswissenschaftlern[11], denn auf dem Gebiet des Wirtschaftsrechts ist die Jurisprudenz auf die Ökonomie angewiesen[12]. Dabei wäre zu hoffen, daß mit zunehmender Verwissenschaftlichung des Lebens auch die Verfassungspraxis mit ökonomischen Erkenntnissen angereichert wird[13].

Auf der anderen Seite sollte die Intention dieser Arbeit nicht in dem Sinne mißverstanden werden, als wollte sie in der Schrankenverengung zu weit gehen und über ein vernünftiges Ziel hinausschießen[14]. Denn eine derart extensive Grundrechtsinterpretation bedeutete eine individualistische Überspitzung[15], eine Überstrapazierung[16] und damit Diskreditierung des Gleichheitssatzes, wenn von ihm mehr erwartet wird, als er seinem Gehalt nach hergeben kann[17], und endlich auch eine Überforderung der Justiz, wenn sie leisten sollte, was Aufgabe der Wirtschaftspolitik ist[18].

Man darf nicht außer acht lassen, daß der Gleichheitssatz kein Patentrezept für jede gewünschte Gleichheit bietet, sondern nur teilweise eine Angleichung und Akzentverschiebungen bewirken kann[19]; andernfalls bestünde die Gefahr, durch Verabsolutierung des Gleichheitssatzes auf einen totalen „Wohlfahrtsstaat" zuzusteuern[20]. Es kann auch nicht Sinn

---

[9] *Wagner* VVDStRL 27, S. 71, 80.

[10] Auf den Zusammenhang zwischen dem Stand der wissenschaftlichen Durchdringung und der Effektivität des Gleichheitssatzes weist *Zacher* DÖV 1970, S. 10 r. Sp. hin.

[11] Vgl. *Fröhler* S. 176 f., 190, 198 f.

[12] *Schmidt-Rimpler* S. 703; vgl. *Partsch*, Methodik S. 361 — Beispiel: das Stabilitätsgesetz als Gegenstand gemeinsamen Forschens, *Greitemann* S. 268 ff.

[13] *Herzog*, Wirtschaftsverfassungsrecht Sp. 701.

[14] Vgl. *Herbert Krüger* DÖV 1971, S. 294 l. Sp. (justizstaatliche Heißsporne, die rechtsleere Räume zivilisieren wollen).

[15] *Scheuner* DÖV 1956, S. 65 r. Sp., 66 (und Gefahr der Systemverfestigung; beim Gleichheitssatz allerdings weniger liberalistisch); hier ist die Entwicklung des Subventionsrechts offen (*Fröhler* S. 121); a. M. gegenüber Scheuner: *Herbert Krüger* DÖV 1971, S. 295 f. und *Schmidt*, Wirtschaftspolitik S. 248.

[16] Vgl. *Scheuner* DÖV 1956, S. 66 l. Sp.

[17] *Geiger*, Gleichheitssatz S. 168.

[18] Vgl. *Wassermann* DRiZ 1970, S. 82 r. Sp.

[19] *Hesse* AöR 77, S. 211 (vgl.).

[20] *Link* DVBl. 1972, S. 70 l. Sp. (zit. Häberle, Leitsatz 38).

einer Schrankenverengung sein, eine Fülle von Subventionsnormen verfassungswidrig erscheinen zu lassen: Die Verfassungswidrig-Erklärung wäre ein zu grobes Mittel, das nicht für häufigen Gebrauch geeignet ist[21].

Der Verfasser hofft, bei der Kritik der herrschenden Meinung in Rechtsprechung und Lehre mit der gebotenen Behutsamkeit[22] und Ausgewogenheit vorgegangen zu sein, wie sie von Münch voraussetzte: „Eine ernsthafte Arbeit mit dem Gleichheitssatz stellt... eine ebenso schwierige wie erregende Beschäftigung dar. Vom Recht zum Unrecht ist hier nur ein Schritt[23]."

---

[21] *Wittig* BB 1969, S. 388 r. Sp.
[22] Vgl. *Zacher* AöR 93, S. 382.
[23] *v. Münch* AöR 85, S. 295.

Zusammenfassung

1. Der Themenkreis Recht und Wirtschaft, insbesondere Verfassungsrecht und Subventionspolitik, ist noch nicht genügend erforscht (A I).

2. Die normative Funktion des Wirtschaftsrechts gegenüber dem Objektbereich Wirtschaft wird in der Literatur nicht genügend beachtet (A I a. E.).

3. Die Elemente des Themas (Gleichheitssatz, Gesetzgebung und Subventionspolitik) sind von erheblicher praktischer und theoretischer Bedeutung und gewinnen an Aktualität (A II).

4. Sozialpolitische Leistungen im engeren und weiteren Sinne verfolgen nur mittelbar wirtschaftspolitische Ziele und werden daher weitgehend ausgeklammert (B II, III).

5. Die theoretische Wirtschaftspolitik, insbesondere die Wohlfahrtsökonomik, kann zwar zur Klärung der Zielproblematik beitragen (Analyse, Systematisierung, teleologische Urteile), vermag jedoch bei der politischen Zieldetermination keine objektiven Urteile abzugeben (C I 3).

6. Die wirtschaftspolitischen Oberziele (angemessenes und stetiges Wachstum, hoher Beschäftigungsgrad, gerechte Einkommensverteilung, Stabilität des Preisniveaus und außenwirtschaftliches Gleichgewicht) lassen sich im Begriff der Optimierung des Volkswohlstandes zusammenfassen. Dahinter stehen die gesellschaftspolitischen Grundziele wie Gerechtigkeit, Freiheit und Sicherheit (C II).

7. Eine Norm verstößt gegen den allgemeinen Gleichheitssatz, wenn ein Differenzierungskriterium, ein Differenzierungsmittel, ein Differenzierungsziel, das Verhältnis von Differenzierungskriterium und -ziel, das Verhältnis von Differenzierungsmittel und -ziel oder die Folgen der Differenzierung verfassungswidrig sind (D I 2).

8. Der allgemeine Gleichheitssatz wird von der Rechtsprechung vor allem des Bundesverfassungsgerichts und von der herrschenden Lehre als Willkürverbot ausgelegt, das für den Gesetzgeber einen äußerst weiten Spielraum bietet (D I 3—3b).

9. Die Formel vom weiten Ermessensspielraum des Gesetzgebers ist mißverständlich und sollte daher aufgegeben werden (besser: Gestaltungsfreiheit), D I 3d.

10. Bisher wurde noch keine Norm des Wirtschafts- bzw. Subventionsrechts wegen eines unzureichenden wirtschaftspolitischen Differenzierungsziels für gleichheitswidrig erklärt (D II, III).

11. Der Gleichheitssatz ist im Subventionsrecht von besonderer Bedeutung, weil er — als Gebot gleicher Teilhabe — die im Grunde einzige Rechtsgrundlage gegen die Versagung einer Subvention ist (D III).

12. Die einzelnen Schranken des Willkürverbots sind Sachgerechtigkeit, Normzweck, Gerechtigkeit und übergreifend das allgemeine Rechtsbewußtsein (D IV).

13. Das Willkürverbot und seine einzelnen Schranken stellen, so wie sie praktiziert werden, keine wirksamen, überprüfbaren Eingrenzungen des allgemeinen Gleichheitssatzes für den Subventionsgesetzgeber dar (D IV 1a—E I).

14. Die rationalistische Formel „in dubio pro lege" entspricht nicht dem modernen Grundrechtsverständnis; auch dem demokratischen Gesetzgeber gegenüber ist eine kritische Distanz angebracht (E I 1).

15. Der Gleichheitssatz erfordert seiner Struktur nach nicht volitive Wertung, sondern nachprüfbare Konkretisierung und rationale Subsumtion (E I 3).

16. Entscheidend gegen die bloße Willkürverbotskontrolle spricht ihre Subjektivität und Unberechenbarkeit, die zur Rechtsunsicherheit beiträgt (E I 4).

17. Die Forderung nach wirtschaftlicher Chancengleichheit ist noch nicht so weit verrechtlicht, daß sie als generelle Konkretisierung des allgemeinen Gleichheitssatzes angesehen werden kann; sie ist jedoch in geeigneten Einzelfällen als Interpretationshilfe heranzuziehen (E II 2).

18. Die Schranke der Sachgerechtigkeit kann durch den Maßstab der positiven Rechtsordnung konkretisiert werden, d. h. durch die Tatbestandsmerkmale der Differenzierungsnorm selbst und durch die sachlich verwandten Normen der positiven Rechtsordnung, von der Verfassung bis hin zu Rechtsverordnungen. Auch Rechtsprinzipien, Präjudizien, ausländisches Recht und vorrechtliche Normen können Hinweise auf die Sachgerechtigkeit im konkreten Fall geben (E II 3a).

19. Für die Anlegung strengerer Maßstäbe bei der Prüfung von Differenzierungszielen sprechen folgende Gründe: der typischerweise differenzierende Charakter der Subventionen, die Umgehungsmöglichkeiten für den Gesetzgeber, der Eingriffscharakter der Subventionen, die nachlassende Qualität der Gesetze und nicht zuletzt eine Reihe von ökonomischen Bedenken (F I bis 5a, gg).

20. Je stärker der Eingriffscharakter von Subventionen, je fraglicher die Qualität des Subventionsgesetzes und je schwerwiegender die ökonomischen Bedenken sind, desto eher ist eine Norm gleichheitswidrig (F I 4—5a, gg).

21. Ein Verstoß gegen mehrere der allgemeinen anerkannten Subventionsregeln legt die zu prüfende Vermutung der Gleichheitswidrigkeit nahe (F I 5b).

22. Der allgemeine Gleichheitssatz wird durch die Wirtschaftsverfassung des Grundgesetzes konkretisiert, insbesondere durch Grundrechte, Verhältnismäßigkeits- und Sozialstaatsprinzip (F II 1).

23. Je mehr im Zielbündel eines Subventionsgesetzes sozialpolitische gegenüber wirtschaftspolitischen Zielen dominieren, desto stärker schränkt der allgemeine Gleichheitssatz mit Hilfe des Sozialstaatsprinzips die Gestaltungsfreiheit des Subventionsgesetzgebers ein (F II 1 a. E.).

24. Für die Systemgerechtigkeit als Schranke des allgemeinen Gleichheissatzes sprechen vor allem das Verbot des venire contra factum proprium und der Gedanke der Einheit der Rechtsordnung. Wieweit die Selbstbindung des Gesetzgebers im Einzelfall geht, ist eine Frage der Abwägung aller Umstände (F II 2).

25. Der Subventionsgesetzgeber ist an die wirtschaftspolitischen Oberziele in der Verfassung und in übernationalem Recht gebunden, der Landesgesetzgeber auch an Ziele in einfachem Bundesrecht (F II 3).

26. Ziel der Arbeit ist eine konstruktive Kritik der Minimalisierung des allgemeinen Gleichheitssatzes („judicial self-restraint"), Kap. G.

Summary

1. The present dissertation is entitled:
"The Principle of General Equality in the Constitution of West Germany as a Limit for the Legislator of Subsidies, with Special Regard to the Aims of Differentiation in Economic Policy."

2. The aim of this thesis with economic background is to criticise constructively the minimization of the principle of general equality by the generally accepted jurisdiction and legal theory, i. e. the "judicial self-restraint", and to limit the legislator of subsidies more strictly.

3. The principle of general equality has been interpreted by the jurisdiction, particularly that of the Federal Constitutional Court (Bundesverfassungsgericht) as a prohibition from arbitrary action which gives full scope to the legislator.

4. Until now there has not appeared a single rule of economic or subventional law which has been declared contradicting the principle of general equality because of an insufficient aim of differentiation.

5. The prohibition from arbitrary action and its particular limits like *ratio legis* and justice have proved ineffective and untestable limitations of the principle of general equality.

6. The following reasons may be said to speak in favour of taking more stringent standards for the process of examining aims of differentiation: the differentiating character of subsidies, the temptation for the legislator to evade the principle of general equality, the intervening aspect of subsidies, the deteriorating quality of laws and last but not least a number of economic objections.

7. The principle of general equality is embodied by the economic constitution, especially by the basic rights, by the principle of proportionality and by the principle of welfare state (Sozialstaatsprinzip).

8. The main arguments for the self-restriction of the legislator as a particular limit of the principle of general equality are mainly the prohibition of *venire contra factum proprium* and the principle of unity of legal order.

Résumé

1. Cette thèse de doctorat est intitulée:
   « Le principe de l'égalité générale devant la loi (art. 3 de la constitution de la République Fédérale d'Allemagne) comme limitation du législateur de subventions considérant spécialement des buts de différenciation. »
2. C'est l'intention de cet ouvrage juridique et par parties économique de donner une critique constructive de la diminution du principe de l'égalité générale par la théorie dominante et par la jurisprudence (« judicial self-restraint ») et de tirer des limites plus étroites pour le législateur subventif.
3. La Cour Constitutionnelle Suprême (Bundesverfassungsgericht) interprète le principe de l'égalité générale comme prohibition de l'arbitraire qui donne au législateur une latitude extrèmement étendue.
4. Jusqu'à présent une norme du droit économique ou subventif n'a pas encore été déclarée inconstitutionnelle (c'est-à-dire contraire au principe de l'égalité générale) à cause d'un but de différenciation insuffisant.
5. La prohibition de l'arbitraire et ses limites particulières comme *ratio legis* et la justice ne sont pas une limitation du principe de l'égalité générale qui serait effective et examinable.
6. Les raisons suivantes parlent pour l'application des mesures plus rigoureuses:
   la qualité différentiante des subventions, la possibilité pour le législateur d'agir en fraude du principe de l'égalité générale, le caractère d'intervention des subventions, la qualité diminuante des lois et aussi quelques objections économiques.
7. Le principe de l'égalité générale est concrétisé par la constitution économique, particulièrement par les libertés individuelles, par le principe de la proportionnalité et par le principe de l'état social (Sozialstaatsprinzip).
8. Les raisons principales pour l'immanence du système (Systemgerechtigkeit) comme limite du principe de l'égalité générale sont la prohibition de *venire contra factum proprium* et le principe de l'unité de l'ordre juridique.

Literaturverzeichnis

Vorbemerkung:

Die *Quellenangaben in den Fußnoten* beschränken sich grundsätzlich auf Verfasser und Seite, bei Zeitschriftenaufsätzen tritt der abgekürzte Name der Zeitschrift hinzu (Abkürzungen nach Hildebert Kirchner, Abkürzungsverzeichnis der Rechtssprache, 2. Auflage Berlin 1968). Bei Verfassern mit mehreren zitierten Werken wird in der Fußnote zusätzlich ein unterscheidendes Wort aus dem jeweiligen Titel angeführt (im Literaturverzeichnis kursiv).

Bei Gerichtsentscheidungen wird nur dann auch die Anfangsseite genannt, wenn es sich um eine im jeweiligen Zusammenhang besonders wichtige, ganz durchgearbeitete Entscheidung handelt.

Albers, Willi: Art. Subventionen (I). In: Staatslexikon Bd. XI, 6. Aufl., Freiburg 1970, Sp. 414 ff.

Aldag, Heinrich: Die Gleichheit vor dem Gesetze in der Reichsverfassung, Berlin 1925

Andel, Norbert: Subventionen als Instrument des finanzwirtschaftlichen Interventionismus, Tübingen 1970

Andreae, Clemens-August: Subventionen in der Agrar- und Energiepolitik. In: Monatsblätter für freiheitliche Wirtschaftspolitik 1966, S. 597 ff.

Arndt, Adolf: Das Bild des Richters, Karlsruhe 1957
— Umwelt und Recht. In: NJW 1961, S. 2007 ff.
— Buchbesprechung: Die Gleichheit vor dem Gesetz, von Gerhard Leibholz, 2. Aufl. 1959, in: NJW 1961, S. 2153 f.
— *Gedanken* zum Gleichheitssatz. In: Die moderne Demokratie und ihr Recht, Festschrift für Gerhard Leibholz, Bd. II, Tübingen 1966, S. 179 ff.

Bachof, Otto: Beurteilungsspielraum, Ermessen und unbestimmter Rechtsbegriff im Verwaltungsrecht. In: JZ 1955, S. 97 ff.
— *Grundgesetz* und Richtermacht, Tübingen 1959
— Die richterliche *Kontrollfunktion* im westdeutschen Verfassungsgefüge. In: Festschrift für Hans Huber, Bern 1961, S. 26 ff.
— Verfassungsrecht, Verwaltungsrecht, Verfahrensrecht in der Rechtsprechung des Bundesverwaltungsgerichts (Bd. I), 2. Aufl., Tübingen 1964 *(zit.: Rspr. I)*
— Verfassungsrecht, Verwaltungsrecht, Verfahrensrecht in der Rechtsprechung des Bundesverwaltungsgerichts, Bd. II, Tübingen 1967 *(Rspr. II)*

Badura: Die Rechtsprechung des Bundesverfassungsgerichts zu den verfassungsrechtlichen Grenzen wirtschaftspolitischer Gesetzgebung im sozialen Rechtsstaat. In: AöR 92 (1967), S. 382 ff.

Badura: Wirtschaftsverwaltungsrecht. In: Besonderes Verwaltungsrecht, hrsg. v. Ingo von Münch, 1. Aufl., Bad Homburg u. a. 1969, S. 233 ff.
— *Wirtschaftsverfassung* und Wirtschaftsverwaltung, Frankfurt/M. 1971

Ballerstedt, Kurt: Über wirtschaftliche *Maßnahmegesetze.* In: Festschrift für Walter Schmidt-Rimpler, Karlsruhe 1957, S. 369 ff.
— *Wirtschaftsverfassungsrecht.* In: Bettermann-Nipperdey-Scheuner, Die Grundrechte, III, 1. Halbbd., Berlin 1958, S. 1 ff.
— Das *Verhältnis* von Recht und Wirtschaft als Aufgabe von Forschung und Gestaltung. In: Gewerkschaft, Wirtschaft, Gesellschaft, hrsg. von Kurt Nemitz und Richard Becker, Köln 1963, S. 29 ff.

Bartholomeyczik, Horst: Die Kunst der Gesetzesauslegung, 3. Aufl., Frankfurt/M. 1965

Baumgarten, Peter und Wolfgang *Mückl:* Wirtschaftspolitische Zielkonflikte in der Bundesrepublik Deutschland, Tübingen 1969

Der *Wissenschaftliche Beirat* beim Bundeswirtschaftsministerium: Subventioin der Marktwirtschaft (Gutachten). TN/BMWi Nr. 5438 vom 31. 3. 67

Bellstedt, Christoph: Bedürfen Subventionen gesetzlicher Grundlage? In: DÖV 1961, S. 161 ff.
— Verfassungsrechtliche *Grenzen* der Wirtschaftslenkung durch Steuern, Schwetzingen o. J. (1962)

Blessin, Georg und Hans *Giessler:* Kommentar zum Bundesentschädigungs-Schlußgesetz, München und Berlin 1967

Bloch, Ernst: Naturrecht und menschliche Würde, Frankfurt/M. 1961

Böckenförde, Ernst-Wolfgang: Gesetz und gesetzgebende Gewalt, Berlin 1958

Böckenförde, Werner: Der allgemeine Gleichheitssatz und die Aufgabe des Richters, Berlin 1957

Böhm, Franz: Die Idee des Ordo im Denken Walter Euckens. In: Ordo III (1950), S. XV ff.

Boulding, Kenneth E.: Principles of Economic Policy, Englewood Cliffs, N.J., 1958

Brinkmann, Karl: Grundrechts-Kommentar zum Grundgesetz, Bonn 1967 ff.

Brohm, Winfried: Strukturen der Wirtschaftsverwaltung, Stuttgart u. a. 1969

Brugger, Walter (Hrsg.): Philosophisches Wörterbuch, 13. Aufl., Freiburg u. a. 1967

Bühler, Ottmar und Georg *Strickrodt:* Steuerrecht. Bearb. v. G. S. Bd. I, 1. Halbbd., 3. Aufl., Wiesbaden 1959

Büssgen, Hans Rico: Die „indirekten" Subventionen dargestellt am Beispiel der Steuervergünstigung des § 7 d II Einkommenssteuergesetz. Diss., Köln 1958 (1959)

Boulouis, Jean: Subventions. In: Répertoire de droit public et administratif (Dalloz), Paris 1959, Bd. II, S. 891 f.

Canaris, Claus-Wilhelm: Systemdenken und Systembegriff in der Jurisprudenz, Berlin 1969

Coing, Helmut: Grundzüge der Rechtsphilosophie, 2. Aufl., Berlin 1969

Dahl, Robert A. und Charles E. *Lindblom:* Sieben Grundziele der Gesellschaftsgestaltung, übers. von Horst Zajonc. In: Grundlagen der Wirtschaftspolitik, hrsg. von Gérard Gäfgen, Köln und Berlin 1966, S. 211 ff.

Dahm, Georg: Deutsches Recht, 2. Aufl., Stuttgart 1963

Dahrendorf, Ralf: *Demokratie* ohne Freiheit. In R. D.: Gesellschaft und Freiheit, München 1963, S. 321 ff.

— *Reflexionen* über Freiheit und Gleichheit. Ebenda S. 363 ff.

Dicke, Detlev Christian: Verfassungsrechtliche Möglichkeiten und Grenzen der Wirtschaftslenkung in Italien und der Bundesrepublik Deutschland, Stuttgart u. a. 1969

D I H T (Deutscher Industrie- und Handelstag), Hrsg.: Subventionen ohne Kontrolle, Bonn 1970

Dörge, Friedrich-Wilhelm: Elemente und Instrumente der Wirtschafts- und Sozialpolitik. In: Wirtschafts- und Sozialpolitik, hrsg. von Dietrich Ortlieb und F.-W. Dörge, 3. Aufl., Opladen 1967, S. 33 ff.

Dürig, Günter: Art. Gleichheit. In: Staatslexikon Bd. III, 6. Aufl., Freiburg 1959, Sp. 983 ff.

Ehmke, Horst: *Grenzen* der Verfassungsänderung, Berlin 1953

— *Wirtschaft* und Verfassung, Karlsruhe 1961

Ellwein, Thomas: Das Regierungssystem der Bundesrepublik Deutschland, Köln u. Opladen 1963

Ellwein, Thomas und Axel *Görlitz*: Parlament und Verwaltung. 1. Teil: Gesetzgebung und politische Kontrolle, Stuttgart u. a. 1967

Engisch, Karl: Einführung in das juristische Denken, 3. Aufl., Stuttgart 1964

— Auf der *Suche* nach der Gerechtigkeit, München 1971

Eppe, Franz: Subventionen und staatliche Geschenke, Stuttgart u. a. 1966

Ermacora, Felix: Das Verhältnis der Subventionspraxis zu den Grund- und Freiheitsrechten. In: Wirtschaftspolitische Blätter (Wien) 1959, S. 133 ff.

— *Handbuch* der Grundfreiheiten und der Menschenrechte, Wien 1963

Eschenburg, Theodor: Herrschaft der Verbände? 1. Aufl., Stuttgart 1955

Esser, Josef: Grundsatz und Norm, Tübingen 1956

— Art. *Rechtswissenschaft*. In: HdSW Bd. VIII, Stuttgart, Tübingen und Göttingen 1964, S. 772 ff.

— Vorverständnis und Methodenwahl in der Rechtsfindung, Frankfurt/M. 1970

Flume, Werner: Die Entscheidung des Bundesverfassungsgerichts zu § 8 Ziff. 6 GewStG. In: DB 1962, S. 381 ff.

Forsthoff, Ernst: Über *Maßnahme-Gesetze.* In Gedächtnisschrift für Walter Jellinek, München 1955, S. 221 ff.
— Lehrbuch des *Verwaltungsrechts,* Bd. I Allgemeiner Teil. 9. Aufl., München 1966
— Der *Staat* der Industriegesellschaft, München 1971

Freudenberg, Hans Erich: Die Subventionen als Kreislaufproblem in der Marktwirtschaft und Staatswirtschaft, Tübingen 1934

Friauf, Karl Heinrich: Bemerkungen zur verfassungsrechtlichen Problematik des Subventionswesens. In: DVBl. 1966, S. 729 ff.
— Verfassungsrechtliche *Grenzen* der Wirtschaftslenkung und Sozialgestaltung durch Steuergesetze, Tübingen 1966
— Öffentlicher Haushalt und Wirtschaft. Bericht in VVDStRL 27, Berlin 1969, S. 1 ff.
— Art. *Subventionen* (II). In: Staatslexikon Bd. XI, 6. Aufl., Freiburg 1970, Sp. 423 ff.
— Zur Rolle der Grundrechte im Interventions- und Leistungsstaat. In: DVBl. 1971, S. 674 ff.

Fröhler, Ludwig (Mitarbeiter Peter Oberndorfer): Das Wirtschaftsrecht als Instrument der Wirtschaftspolitik, Wien und New York 1969

Fuss, Ernst-Werner: Gleichheitssatz und Richtermacht. Zur Rechtsprechung des Bundesverfassungsgerichts zu Art. 3 GG. In: JZ 1959, S. 329 ff.
— Normenkontrolle und Gleichheitssatz. In: JZ 1962, S. 565 ff., 595 ff., 737 ff.

Geiger, Willi: Der *Gleichheitssatz* und der Gesetzgeber. In: Staats- und verwaltungswissenschaftliche Beiträge, Stuttgart 1957, S. 167 ff.
— Zur Lage unserer *Verfassungsgerichtsbarkeit.* In: Festgabe für Theodor Maunz, München 1971, S. 117 ff.

Giersch, Herbert: *Allgemeine Wirtschaftspolitik.* (1. Band: Grundlagen), Wiesbaden 1960
— *Rationale Wirtschaftspolitik* in der pluralistischen Gesellschaft. In: Rationale Wirtschaftspolitik und Planung in der Wirtschaft von heute, Berlin 1967, S. 113 ff.

Göldner, Detlef Christoph: Verfassungsprinzip und Privatrechtsnorm in der verfassungskonformen Auslegung und Rechtsfortbildung, Berlin 1969

Götz, Volkmar: Recht der Wirtschaftssubventionen, München und Berlin 1966

Greitemann, Günter: Das Stabilitätsgesetz als Schrittmacher des rechts- und wirtschaftswissenschaftlichen Zusammenwirkens. In: Wirtschaftsprüfer im Dienst der Wirtschaft, Festschrift für Ernst Knorr, Düsseldorf 1968, S. 257 ff.

Grimmer, Klaus: Die Rechtsfiguren einer „Normativität des Faktischen", Berlin 1971

Gundlach, Hans-Jürgen: Subventionen als Mittel der Wirtschaftspolitik, Berlin und Frankfurt/M. 1965

Gutmann, Gernot, Hans-Joachim *Hochstrate* und Rolf *Schlüter:* Die Wirtschaftsverfassung der Bundesrepublik Deutschland, Stuttgart 1964

Häberle, Peter: Die *Wesensgehaltsgarantie* des Art. 19 Abs. 2 Grundgesetz, Karlsruhe 1962
— Gemeinwohljudikatur und Bundesverfassungsgericht. In: AöR 95 (1970), S. 86 ff. und 260 ff.
— *Öffentliches Interesse* als juristisches Problem, Bad Homburg 1970

Haller, Heinz: *Finanzpolitik,* 4. Aufl., Tübingen und Zürich 1968
— Die Steuern, 2. Aufl., Tübingen 1971

Hamann, Andreas: *Rechtsstaat* und Wirtschaftslenkung, Heidelberg 1953
— Die Ermessenfreiheit der Gesetzgebung. In: NJW 1955, S. 969 ff.
— Willkür im objektiven Sinne. In: NJW 1956, S. 370
— Die Rechtsprechung des Bundesverfassungsgerichts über den Gleichheitssatz. In: NJW 1957, S. 2 ff.
— Deutsches *Wirtschaftsverfassungsrecht,* Neuwied u. a. 1958

Hamann, Andreas und Helmut *Lenz:* Kommentar zum Grundgesetz, 3. Aufl., Neuwied und Berlin, 1970

Hansmeyer, Karl-Heinrich: Subventionen als wirtschaftspolitisches Instrument. In: K.-H. H.: Subventionen in der Bundesrepublik Deutschland, Berlin 1963, S. 9 ff.

Hartz, Wilhelm: Steuergerichte und Verfassung. In: Die Auslegung der Steuergesetze in Wissenschaft und Praxis, Gedenkschrift für Armin Spitaler, Köln 1965, S. 89 ff.

Hattenhauer, Hans: Zwischen Hierarchie und Demokratie, Karlsruhe 1971

Hedemann, Justus Wilhelm: Deutsches *Wirtschaftsrecht,* 2. Aufl., Berlin 1943
— *Wesen* und Wandel der Gesetzgebungstechnik. In: Festschrift für Walter Schmidt-Rimpler, Karlsruhe 1957, S. 23 ff.

Hegel, Georg Wilhelm Friedrich: Grundlinien der Philosophie des Rechts, Werke Bd. 8, hrsg. von Ed. Gans, Berlin 1833

Heinze, Christian: Autonome und heteronome Verteilung, Berlin 1970

Henke, Horst-Eberhard: Wie tot ist die Begriffsjurisprudenz? Ztschr. f. Zivilprozeß 80 (1967), S. 1 ff.

Henkel, Heinrich: Einführung in die Rechtsphilosophie, München und Berlin 1964

Hennies, Manfred O. E.: Das nicht so magische Polygon der Wirtschaftspolitik, Berlin 1971

Henze, Karl-Otto: Verwaltungsrechtliche Probleme der staatlichen Finanzhilfe zugunsten Privater, Heidelberg 1958

Herzog, Roman: Art. *Gleichheitssatz.* In: Evangelisches Staatslexikon, Stuttgart und Berlin 1966, Sp. 696 ff.
— Demokratie und Gleichheit heute. DVBl. 1970, S. 713 ff.

Hesse, Konrad: Der Gleichheitsgrundsatz im Staatsrecht. In: AöR 77 (1951/52), S. 167 ff.
— Grundzüge des *Verfassungsrechts* der Bundesrepublik Deutschland, 5. Aufl., Karlsruhe 1972

Hochbaum, M.: Das Diskriminierungs- und Subventionsverbot in der EGKS und EWG, Baden-Baden und Bonn 1962

Hockel, Dieter: „Gefährdung" und „Störung des gesamtwirtschaftlichen Gleichgewichts" im Grundgesetz und im Stabilitätsgesetz. In: BB 1970, S. 1032 ff.

Hoefer, Wolfgang: Die Industriesubventionen in Deutschland seit 1924. Diss., Marburg 1937

Hoppe, Werner: Der Fortbestand wirtschaftslenkender Maßnahmegesetze bei Änderung wirtschaftlicher Verhältnisse. In: DÖV 1965, S. 546 ff.

Huber, Ernst Rudolf: Wirtschaftsverwaltungsrecht, Bd. I *(zit. Huber I)*, 2. Aufl., Tübingen 1953
— Wirtschaftsverwaltungsrecht, Bd. II *(zit. Huber II)*, 2. Aufl., Tübingen 1954
— Der Streit um das Wirtschaftsverfassungsrecht (III). In: DÖV 1956, S. 172 ff.

Hübner, Walter: Kommentar zum Kriegsgefangenenentschädigungsgesetz, Berlin und Frankfurt 1956

Hueck, Götz: Der Grundsatz der gleichmäßigen Behandlung im Privatrecht, München und Berlin 1958

Imboden, Max: Das Gesetz als Garantie rechtsstaatlicher Verwaltung, 2. Aufl., Basel und Stuttgart 1962

Institut „*Finanzen und Steuern*": Subventionen. Brief Nr. 101, Bonn (Febr.) 1968

Ipsen, Hans Peter: Das *Verbot* des Massengütertransports im Straßenverkehr. (Rechtsgutachten), (Hamburg) 1954
— Zur geplanten Ablösung verbriefter Reichsverbindlichkeiten. In: Das Wertpapier 1955, S. 386 ff.
— Öffentliche *Subventionierung* Privater, Berlin und Köln 1956
— Verwaltung durch Subventionen. Bericht in VVDStRL 25, Berlin 1967, S. 257 ff.
— *Gleichheit*. In: Neumann-Nipperdey-Scheuner, Die Grundrechte, Bd. II, 2. Aufl., Berlin 1968, S. 111 ff.

Jaenicke, Günther: Art. Driskriminerung. In: Wörterbuch des Völkerrechts, hrsg. von H.-J. Schlochauer, Bd. I, Berlin 1960, S. 387 ff.

Jahnke, Wilfried: Zur Frage der Bewertung von wirtschaftspolitischen Zielkombinationen. In: Ztschr. für die gesamte Staatswissenschaft 127 (1971), S. 296 ff.

Jochimsen, Reimut, Peter *Knobloch* und Peter *Treuner*: Grundsätze der Landesplanung und der Gebietsreform in Schleswig-Holstein. (Kiel) 1969

Jöhr, Walter Adolf und H. W. *Singer*: Die Nationalökonomie im Dienste der Wirtschaftspolitik, 2. Aufl., Göttingen 1964

Kimminich, Otto: Anmerkung zu BVerfGE 30, 250 in JZ 1971, S. 688 ff.

Kirschen, E. S. u. a.: Ziele der praktischen Wirtschaftspolitik. In: Grundlagen der Wirtschaftspolitik, hrsg. von G. Gäfgen, Köln und Berlin 1966, S. 237 ff.

Klein, Franz: Gleichheitssatz und Steuerrecht, Köln-Marienburg 1966

Kloepfer, Michael: Das Geeignetheitsgebot bei wirtschaftslenkenden Steuergesetzen. In: NJW 1971, S. 1585 ff.

Koenigs, Folkmar: Die Rechtsprechung des Bundesverfassungsgerichts zum Wirtschaftsrecht in den Jahren 1966—1969. In: Juristische Analysen 1970, S. 589 ff.

Köttgen, Arnold: Subventionen als Mittel der Verwaltung. In: DVBl. 1953, S. 485 ff.

— *Wesen* und Rechtsform der Gemeinden und Gemeindeverbände. In: Handbuch der kommunalen Wissenschaft und Praxis, hrsg. von Hans Peters, Bd. I, Berlin u. a. 1956, S. 185 ff.

— *Fondsverwaltung* in der Bundesrepublik, Stuttgart u. a. 1965

Koppensteiner, Hans-Georg: Das Subventionsverbot im Vertrag über die Europäische Gemeinschaft für Kohle und Stahl, Baden-Baden 1965

Krause, Hermann: Der verteilende Staat. In: Festschrift für Paul Gieseke, Karlsruhe 1958, S. 1 ff.

Kriele, Martin: Theorie der Rechtsgewinnung, Berlin 1967

Krüger, Herbert: *Grundgesetz* und Kartellgesetzgebung, Göttingen 1950

— *Allgemeine Staatslehre*, 2. Aufl., Stuttgart u. a. 1966

— Von der reinen *Marktwirtschaft* zur Gemischten Wirtschaftsverfassung, Hamburg 1966

— Die verfassungsgerichtliche Beurteilung wirtschaftspolitischer Entscheidungen. In: DÖV 1971, S. 289 ff.

Krüger, Hildegard: Der Gleichbehandlungsgrundsatz als Rechtsgrundlage öffentlich-rechtlicher Gruppenrechte. In: DVBl. 1955, S. 208 ff.

Küchenhoff, Günther: Gleichheit und Ungleichheit im Verfassungsrecht. In: JR 1959, S. 281 ff.

Kutscher, Hans: Staat und Wirtschaft in der Rechtsprechung des Bundesverfassungsgerichts. In: Staat und Wirtschaft im nationalen und übernationalen Recht, Berlin 1964, S. 224 ff.

Lademann, Karl: Der Gleichheitssatz in der Verwaltungsrechtsprechung. SchlHA 1966, S. 209 ff.

Lange, Klaus: Systemgerechtigkeit. In: Die Verwaltung 4 (1971), S. 259 ff.

Langen, Eugen: Studien zum internationalen Wirtschaftsrecht, München und Berlin 1963

Larenz, Karl: Methodenlehre der Rechtswissenschaft, 2. Aufl., Berlin u. a. 1969

Lechner, Hans und Klaus *Hülshoff*: Parlament und Regierung. (Textsammlung mit Erläuterungen). 3. Aufl., München 1971

Leibholz, Gerhard: Die *Gleichheit* von dem Gesetz, 2. Aufl., München und Berlin 1959

— Die *Kontrollfunktion* des Parlaments. In: Gerhard Leibholz, Strukturprobleme der modernen Demokratie, 3. Aufl., Karlsruhe 1967, S. 295 ff.

Leibholz, Gerhard und H. J. *Rinck:* Kommentar zum Grundgesetz, 4. Aufl., Köln 1971

Leisner, Walter: Von der Verfassungsmäßigkeit der Gesetze zur Gesetzmäßigkeit der Verfassung, Tübingen 1964

Lerche, Peter: Rechtsprobleme der wirtschaftslenkenden Verwaltung. In: DÖV 1961, S. 486 ff.

— *Übermaß* und Verfassungsrecht, Köln u. a. 1961

— Das Bundesverfassungsgericht und die Verfassungsdirektiven. In: AöR 90 (1965), S. 341 ff.

Liefmann-Keil, Elisabeth: Ökonomische Theorie der Sozialpolitik, Berlin u. a. 1961

Link, Christoph: Staatsrechtslehrertagung 1971 (I). (Bericht über die Referate von Wolfgang Martens und Peter Häberle über „Grundrechte im Leistungsstaat".) In: DVBl. 1972, S. 67 ff.

Luhmann, Niklas: Grundrechte als Institution, Berlin 1965

Majewski, Otto: Auslegung der Grundrechte durch einfaches Gesetzesrecht?, Berlin 1971

von Mangoldt, Hermann und Friedrich *Klein:* Das Bonner Grundgesetz (Kommentar), Bd. I, 2. Aufl., Berlin und Frankfurt/M. 1957

Marbach, Fritz: Zur Frage der wirtschaftlichen Staatsintervention, Bern 1950

Marx, Karl: Zur Kritik der politischen Ökonomie. Hrsg. von Karl Kautsky, 11. Aufl., Berlin 1930

Maunz, Theodor, Günter *Dürig* und Roman *Herzog:* Kommentar zum Grundgesetz, Bd. I, II, 3. Aufl., München (Stand 1972)

Meder, Götz: Das Prinzip der Rechtmäßigkeitsvermutung, Berlin 1970

Mehler, Franz: Ziel-Mittel-Konflikte als Problem der Wirtschaftspolitik, Berlin 1970

Meinhold, Wilhelm: Art. *Subventionen*. In: Handwörterbuch der Sozialwissenschaften Bd. X, Stuttgart, Tübingen, Göttingen 1959, S. 236 ff.

— *Volkswirtschaftspolitik*, Teil 1: Theoretische Grundlagen der Allgemeinen Wirtschaftspolitik, 2. Aufl., München 1970

Menger, Christian-Friedrich: Rechtssatz, Verwaltung und Verwaltungsgerichtsbarkeit. In: DÖV 1955, S. 587 ff.

— Das Gesetz als Norm und Maßnahme. Bericht in VVDStRL 15, Berlin 1957, S. 3 ff.

Menzel, Eberhard: Die „normative Kraft des Faktischen" in völkerrechtlicher Betrachtung. In: Universitas 1959, S. 631 ff.

Mertens, Hans-Joachim: Die Selbstbindung der Verwaltung auf Grund des Gleichheitsatzes, Hamburg 1963

Möller, Alex (Hrsg.): Gesetz zur Förderung der Stabilität und des Wachstums der Wirtschaft (Kommentar), 2. Aufl., Hannover 1969

Möller, Ferdinand: Kommunale Wirtschaftsförderung, Stuttgart und Köln 1963

von Mohl, Robert: Die Polizei-Wissenschaft nach den Grundsätzen des Rechtsstaates, Bd. II, 3. Aufl., Tübingen 1866

Molitor, Bruno: Branchenschutz ohne Ende? In: Der Volkswirt 1968, H. 19, S. 31 ff.

Montesquieu, Charles de Secondat, baron de la Brède et de —: De l'Esprit des loix, Bd. I, Amsterdam 1749

Mühl, Otto: Das *Wirtschaftsrecht* in der Rechtsprechung des Bundesverwaltungsgerichts. In: Juristen-Jahrbuch 3 (1962/63), S. 171 ff.

— Die *Pflicht* der Verwaltung zur Rücksichtnahme bei wirtschaftslenkenden Maßnahmen. In: Festschrift zum 150jährigen Bestehen des OLG Zweibrücken. Wiesbaden 1969, S. 159 ff.

Müller, Gebhard: Bundesverfassungsgericht und Wirtschaftsverfassungsrecht. In: Juristen-Jahrbuch 2 (1961/62), S. 17 ff.

Müller, J. Heinz: Zielkonflikte und Koordinierungsprobleme zwischen Wirtschafts- und Sozialpolitik. In: Loccumer Protokolle 6/1969, S. 31 ff.

von Münch, Ingo: Die Bindung des Gesetzgebers an den Gleichheitssatz bei der Gewährung von Subventionen. In: AöR 85 (1960), S. 270 ff.

— Staatliche Wirtschaftshilfe und Subsidiaritätsprinzip. In: JZ 1960, S. 303 ff.

Muthesius, Volkmar: Subventionen — Sünde und Schande. In: Monatsblätter für freiheitliche Wirtschaftspolitik 1966, S. 579 f.

Neumark, Fritz: *Antinomien* interventionistischer Wirtschaftspolitik und Möglichkeiten ihrer Überwindung. In: Ztschr. für die gesamte Staatswissenschaft 108 (1952), S. 577 ff.

— *Wandlungen* in den Auffassungen vom Volkswohlstand, Frankfurt/M. 1964

Ohm, Hans: Allgemeine Volkswirtschaftspolitik, Bd. I, 3. Aufl., Berlin 1969

Ossenbühl, Fritz: Daseinsvorsorge und Verwaltungsprivatrecht. DÖV 1971, S. 513 ff.

— Vertrauensschutz im sozialen Rechtsstaat. In: DÖV 1972, S. 25 ff.

Ott, Alfred Eugen: Magische Vielecke. In: Fragen der wirtschaftlichen Stabilisierung, hrsg. von A. E. Ott, Tübingen 1967, S. 93 ff.

Partsch, Karl Josef: Zur *Methodik* des öffentlichen Wirtschaftsrechts. Zu Ernst Rudolf Hubers „Wirtschaftsverwaltungsrecht". In: Ordo IX (1957), S. 353 ff.

— Parlament und Regierung im modernen Staat. Mitbericht in VVDStRL 16 Berlin 1958, S. 74 ff.

Paulick, Heinz: *Grundgesetz* und Besteuerung. In: Steuerberater-Jahrbuch 1957/58, Köln 1958, S. 85 ff.

— Die wirtschaftspolitische *Lenkungsfunktion* des Steuerrechts und ihre verfassungsmäßigen Grenzen. In: Theorie und Praxis des finanzpolitischen Interventionismus, Festschrift für Fritz Neumark, Tübingen 1970, S. 203 ff.

Pigou, A. C.: A Study in Public Finance, 3. Aufl., London 1956

Podlech, Adalbert: Gehalt und Funktionen des allgemeinen verfassungsrechtlichen Gleichheitssatzes, Berlin 1971

Pöttgen, Albert: Verfassungsrechtliche Grenzen staatlicher Wirtschaftsförderung durch Subventionen. Diss., Köln (1965)

Preiser, Erich: *Nationalökonomie* heute, 5. Aufl., München 1965

— Wirtschaftliches Wachstum als Fetisch und Notwendigkeit. In: Ztschr. für die gesamte Staatswissenschaft 123 (1967), S. 586 ff.

Pütz, Theodor: *Theorie* der allgemeinen Wirtschaftspolitik und Wirtschaftslenkung, Wien 1948

— *Grundlagen* der theoretischen Wirtschaftspolitik, Stuttgart 1971

Radbruch, Gustav: Die *Natur der Sache* als juristische Denkform. In: Festschrift für Rudolf Laun, Hamburg 1948, S. 157 ff.

— *Vorschule* der Rechtsphilosophie, 3. Aufl., Göttingen (1965)

— *Einführung* in die Rechtswissenschaft, 12. Aufl., Suttgart 1969

Raiser, Ludwig: Der Gleichheitsgrundsatz im Privatrecht. Ztschr. für das gesamte Handelsrecht und Konkursrecht (ZHR) 111 (1948), S. 75 ff.

Raiser, Thomas: Einführung in die Rechtssoziologie, Berlin 1972

Rinck, Gerd: Wirtschaftsrecht, 2. Aufl., Köln u. a. 1969

Rinck, Hans-Justus: Die höchstrichterliche Rechtsprechung zum Gleichheitssatz in der Bundesrepublik, der Schweiz, Österreich, Italien, den USA und Indien. In: JöR n. F. 10 (1961), S. 269 ff.

— Gleichheitssatz, Willkürverbot und Natur der Sache. In: JZ 1963, S. 521 ff.

Roellecke, Gerd: Politik und Verfassungsgerichtsbarkeit, Heidelberg 1961

Rüfner, Wolfgang: *Formen* öffentlicher Verwaltung im Bereich der Wirtschaft, Berlin 1967

— Überschneidungen und gegenseitige Ergänzungen der Grundrechte. In: Der Staat 7 (1968), S. 41 ff.

— Zum gegenwärtigen Stand des deutschen Staatshaftungsrechts. In: Betriebsberater 1968, S. 881 ff.

— Die Rechtsformen der sozialen Sicherung und das Allgemeine Verwaltungsrecht. Bericht in VVDStRL 28 (Berlin 1970), S. 187 ff.

Rümelin, Max: Die Gleichheit vor dem Gesetz, Tübingen 1928

Rüpke, Giselher: Gesetzgeberisches Ermessen und richterliches Prüfungsrecht in der Rechtsprechung des Bundesverfassungsgerichts zum Gleichheitssatz, Diss., Göttingen 1961

Salzwedel, Jürgen: Gleichheitsgrundsatz und Drittwirkung. In: Festschrift für Hermann Jahrreiß, Köln u. a. 1964, S. 339 ff.

Schaeder, Reinhard: Gemeinwohl und öffentliche Interessen im Recht der globalen Wirtschafts -und Finanzplanung. In: Wohl der Allgemeinheit und öffentliche Interessen, Berlin 1968, S. 92 ff.

Schambeck, Herbert: Der Begriff der „Natur der Sache", Wien 1964

Schaumann, Wilfried: Grundrechtsanwendung im Verwaltungsprivatrecht. (Korreferat) In: JuS 1961, S. 110 ff.

Scheuner, Ulrich: Die Rechtsprechung des Bundesverfassungsgerichts und das Verfassungsrecht der Bundesrepublik. In: DVBl. 1952, S. 613 ff., 645 ff.
— Die staatliche Intervention im Bereich der Wirtschaft. Bericht in VVDStRL 11, Berlin 1954, S. 1 ff.
— Grundrechtsinterpretation und Wirtschaftsordnung. In: DÖV 1956, S. 65 ff.
— Die Aufgabe der Gesetzgebung in unserer Zeit. In: DÖV 1960, S. 601 ff.
— Das *Wesen* des Staates und der Begriff des Politischen in der neueren Staatslehre. In: Staatsverfassung und Kirchenordnung, Festgabe für Rudolf Smend, Tübingen 1962, S. 225 ff.
— *Entwicklungslinien* des parlamentarischen Regierungssystems der Gegenwart. In: Festschrift für Adolf Arndt, Frankfurt/M. 1969, S. 385 ff.
— *Nach zwanzig Jahren* Bundesrepublik. In: Juristen-Jahrbuch 10 (1969/70), S. 1 ff.
— *Wirtschaftslenkung* im Verfassungsrecht des modernen Staates. In: Die staatliche Einwirkung auf die Wirtschaft, Hrsg. U.S., Frankfurt/M. 1971, S. 9 ff.

Schiller, Karl: Art. Wirtschaftspolitik. In: HdSW XII, Stuttgart u. a. 1965, S. 210 ff.

Schmidt, Eberhard: Gesetz und Richter, Karlsruhe 1952

Schmidt, Reiner: Natur der Sache und Gleichheitssatz. In: JZ 1967, S. 402 ff.
— *Wirtschaftspolitik* und Verfassung. Baden-Baden 1971

Schmidt-Bleibtreu, Bruno und Franz *Klein:* Kommentar zum Grundgesetz, 2. Aufl., Neuwied und Berlin 1970

Schmidt-Preuß, Matthias: Plan-Programm und Verfassung — Bemerkungen zu § 1 Stabilitätsgesetz. In: DVBl. 1970, S. 535 ff.

Schmidt-Rimpler, Walter: Art. Wirtschaftsrecht. In: HdSW XII, Stuttgart u. a. 1965, S. 686 ff.

Schmitt, Carl: Verfassungslehre, 4. Aufl., Berlin 1965

Schmölders, Günter: Finanzpolitik, 3. Aufl., Berlin u. a. 1970

Schneider, Egon: Logik für Juristen, Berlin und Frankfurt/M. 1965

Schneider, Hans: Der Niedergang des Gesetzgebungsverfahrens. In: Festschrift für Gebhard Müller, Tübingen 1970, S. 421 ff.

Schneider, Hans Karl: Zielbestimmung für die Wirtschaftspolitik in der pluralistischen Gesellschaft. In: Theoretische und institutionelle Grundlagen der Wirtschaftspolitik, Festschrift für Theodor Wessels, Berlin 1967, S. 37 ff.

Scholler, Heinrich: Die Interpretation des Gleichheitssatzes als Willkürverbot oder als Gebot der Chancengleichheit, Berlin 1969

Schramm, Theodor: Staatsrecht, Bd. II: Grundrechte und ihre verfassungsrechtliche Absicherung, Köln u. a. 1971

Seidl-Hohenveldern, Ignaz: Völkerrecht, 2. Aufl., Köln u. a. 1969

Selmer, Peter: Steuerinterventionismus und Verfassungsrecht, Frankfurt/M. 1972

Semler, Franz-Jörg: Das Diskriminierungsverbot bei der Vergabe öffentlicher Aufträge, Diss., München 1968

Spanner, Hans: Zur Verfassungskontrolle wirtschaftspolitischer Gesetze. In: DÖV 1972, S. 217 ff.

Statistisches Jahrbuch für die Bundesrepublik Deutschland 1971, hrsg. vom Statistischen Bundesamt, Stuttgart und Mainz 1971

Stein, Ekkehart: Lehrbuch des Staatsrechts, 2. Aufl., Tübingen 1971

von Stein, Lorenz: Zur preußischen Verfassungsfrage. In: Deutsche Vierteljahrs-Schrift 1852 (1. Heft), S. 1 ff.

Steindorff, Ernst: Der Gleichheitssatz im Wirtschaftsrecht des Gemeinsamen Marktes, Berlin 1965

Steinmüller, Wilhelm (Hrsg.) und Mitarbeiter: EDV und Recht, Einführung in die Rechtsinformatik, Berlin 1970

Stern, Klaus: Rechtsfragen der öffentlichen Subventionierung Privater. In: JZ 1960, S. 518 ff.

— Gedanken über den wirtschaftslenkenden Staat aus verfassungsrechtlicher Sicht. In: DÖV 1961, S. 325 ff.

Stern, Klaus und Paul *Münch*: Gesetz zur Förderung der Stabilität und des Wachstums der Wirtschaft, (Kommentar), Stuttgart u. a. 1967

Strauß, Walter: Entwicklung und Probleme des heutigen Wirtschaftsrechts, Karlsruhe 1957

Streissler, Erich: Zur Anwendbarkeit von Gemeinwohlvorstellungen in richterlichen Entscheidungen. In: Zur Einheit der Rechts- und Staatswissenschaften, Karlsruhe 1967, S. 1 ff.

Strickrodt, Georg: Das Subventionsthema in der Steuerpolitik unter besonderer Berücksichtigung der Stellung der Landwirtschaft, Berlin 1960

Thieme, Werner: Verwaltungslehre, Köln u. a. 1967

Thomas von Aquin: Summa theologica, Bd. II, Hrsg. J. P. Migne, Mailand, 2. Aufl. 1881

Tinbergen, Jan: Die Ziele der modernen Wirtschaftspolitik und die heutigen Entwicklungen. In: Universitas 1970 (I), S. 29 ff.

Tipke, Klaus: Anmerkung zu BVerfGE 28, 227 in: NJW 1970, S. 1875 f.

Tocqueville, Alexis de: De la Démocratie en Amérique, Bd. I, 3. Ausg., Paris 1836

— De la Démocratie en Amérique, Bd. III, 2. Ausg., Paris 1840

Triepel, Heinrich: Goldbilanzenverordnung und Vorzugsaktien, Rechtsgutachten, Berlin und Leipzig 1924

Tuchtfeldt, Egon: Über Wirkungen und Verbesserungsmöglichkeiten der Subventionspolitik. In: Monatsblätter für freiheitliche Wirtschaftspolitik 1966, S. 591 ff.

Ungleichheit im Wohlfahrtsstaat: (Der Alva-Myrdal-Report der schwedischen Sozialdemokraten.) Hrsg. von W. Menningen, Übers. R. A. Pass, Reinbek bei Hamburg 1971

Unkelbach, Michael: Grundrechtliche Bindungen des Bundesgesetzgebers bei der Vergabe von Leistungssubventionen zugunsten der gewerblichen Wirtschaft, Bonn 1968 (Diss. Kiel 1967)

del Vecchio, Giorgio: Volkswirtschaftslehre und Rechtswissenschaft. In: G. d. V.: Grundlagen und Grundfragen des Rechts, Göttingen 1963, S. 113 ff.

Verdross, Alfred: Abendländische Rechtsphilosophie, Wien 1958

Vergilius, Publius: Aeneis. Lateinisch-deutsche Ausgabe, hrsg. und übers. von Joh. Götte, München 1958

Viehweg, Theodor: Topik und Jurisprudenz, 3. Aufl., München 1965

Wagner, Heinz: Öffentlicher Haushalt und Wirtschaft. Mitbericht in VVDStRL 27, Berlin 1969, S. 47 ff.

Wassermann, Rudolf: Politisierung der Rechtsprechung? In: DRiZ 1970, S. 79 ff.

Weber, Max: Der Sinn der „Wertfreiheit" der soziologischen und ökonomischen Wissenschaften. In: Methodologische Schriften, hrsg. und eingeleitet von J. Winckelmann, Frankfurt/M. 1968, S. 229 ff.

Weber, Wilhelm und Reimut *Jochimsen:* Art. Wohlstandsökonomik. In: HdSW XII, Stuttgart u. a. 1965, S. 346 ff.

Weisser, Gerhard: Die Überwindung des Ökonomismus in der Wirtschaftswissenschaft. In: Grundsatzfragen der Wirtschaftsordnung, Berlin 1954, S. 9 ff.

Welter, Erich: Ziele der Wirtschaftspolitik. In: Wirtschaftsfragen der freien Welt, Frankfurt (1957), S. 22 ff.

Werner, Fritz: Über Tendenzen der Entwicklung von Recht und Gericht in unserer Zeit, Karlsruhe 1965

Werner, Josua: Über wirtschaftspolitische Ziele. In: Schweizer. Ztschr. für Volkswirtschaft und Statistik 1971, S. 359 ff.

Wernicke, K. G.: Anmerkung zu Art. 3 GG, in: Bonner Kommentar, Hamburg (Stand 1971)

— Anmerkung zu Art. 11 GG, ebenda

Wieacker, Franz: Gesetz und Richterkunst, Karlsruhe 1958

Wiethölter, Rudolf: Die *Position* des Wirtschaftsrechts im sozialen Rechtsstaat. In: Wirtschaftsordnung und Rechtsordnung, Festschrift für Franz Böhm, Karlsruhe 1965, S. 41 ff.

— Rechtswissenschaft, Frankfurt/M. und Hamburg 1968

Willeke, Eduard: Zur Problematik der Zielbestimmung in wirtschaftspolitischen Konzeptionen. In: Zur Grundlegung wirtschaftspolitischer Konzeptionen, Hrsg. von H.-J. Seraphim, Berlin 1960, S. 115 ff.

Witten, Egmont: Subventionen in der Rechtsprechung. DVBl. 1958, S. 699 ff.

Wittig, Peter: Gesetzgeberisches Ermessen und verfassungsgerichtliche Kontrolle im Wirtschaftsrecht. In: BB 1969, S. 386 ff.

Wittkämper, Gerhard W.: Grundgesetz und Interessenverbände, Köln und Opladen 1963

Wolf, Erik: Rechtsphilosophie und Rechtsdichtung im Zeitalter der Sophistik, (Griechisches Rechtsdenken Bd. II), Frankfurt/M. 1952

Wolff, Hans J.: Verwaltungsrecht *I*, 8. Aufl., München 1971

— Verwaltungsrecht *III*, 2. Aufl., München und Berlin 1967

Würgler, Hans: Die obersten Zielsetzungen der Wirtschaftspolitik. In: Schweizerische Ztschr. für Volkswirtschaft und Statistik 1960, S. 193 ff.

Zachau-Mengers, G.: Subventionen als Mittel moderner Wirtschaftspolitik, Berlin 1930

Zacher, Hans F.: Verwaltung durch Subventionen. Mitbericht in VVDStRL 25, Berlin 1967, S. 308 ff.

— Soziale Gleichheit. In: AöR 93 (1968), S. 341 ff.

— Zur Rechtsdogmatik sozialer Umverteilung. In: DÖV 1970, S. 3 ff.

— *Aufgaben* einer Theorie der Wirtschaftsverfassung. In: Die staatliche Einwirkung auf die Wirtschaft, Hrsg. Ulrich Scheuner, Frankfurt/M. 1971, S. 549 ff.

Zängl, Siegfried: Die Subventionen und ihre verfassungsmäßigen Schranken, Diss., Würzburg 1963

Zavlaris, Démètre: Die Subventionen in der Bundesrepublik Deutschland seit 1951, Berlin 1970

Zeitel, Gerhard: Über einige Kriterien zur Beurteilung staatlicher Subventionen. In: Finanzarchiv 27 (1968), S. 187 ff.

Zinn, Karl Georg: Allgemeine Wirtschaftspolitik als Grundlegung einer kritischen Ökonomie, Stuttgart u. a. 1970

Zippelius, Reinhold: Wertungsprobleme im System der Grundrechte, München 1962

Zweigert, Konrad und Hein *Kötz:* Einführung in die Rechtsvergleichung. Bd. I: Grundlagen, Tübingen 1971

von Zwiedineck-Südenhorst, Otto: Mensch und Wirtschaft, I, Berlin 1955

Namenregister

Aristoteles 35
Arndt, Ad. 52

Bachof 42
Badura 103
Bellstedt 64
Boulding 33

Dahl 33
Dürig 103

Esser 50

Forsthoff 42
Fuss 58

Galbraith 78
Giersch 33
Götz 61 f., 93

Hamann 38, 42
Hegel 55
Hesse 52, 67
Huber, E. R. 42

Ipsen 35

Jochimsen 26

Kriele 103

Leibholz 38, 52, 54 f.
Lerche 42, 92
Lindblom 33

Marbach 74
Menger 42
Montesquieu 48, 55, 103
v. Münch 105

Pütz 24

Radbruch 48

Scheuner 14
Smith, Adam 32

Tinbergen 33
Tocqueville 13, 63
Triepel 65

Wagner, H. 104
Weber, Max 27

Zeitel 84

Sachregister

Hier werden nur die wichtigsten Stichwörter sowie einige Schlagwörter genannt; weniger wichtige Belegstellen werden in Klammern angeführt. (F. = Fußnote)

aequitas 61
Allokationseffekt 80
Anpassungssubventionen 83
Argumentationslast 56, F. 11, 13
Aufträge, öffentliche 20, (36)
Autarkieziel 101

Beurteilungsspielraum 42
Billigkeitsprinzip 41 F. 54, 52 F. 143

Chancengleichheit 63 ff.

Demokratisches Prinzip 45, 97
Differenzierungskriterien 36, (65)
Differenzierungsmittel 36
— ziel 36, (40)
Differenzierung, Verhältnismäßigkeit der — 37
Diskriminierung 35, (41)

Egalisierung 13
égalité 62
Einheit der Rechtsordnung 67, 96, 98
Einheit der Verfassung 86
Erhaltungssubventionen 80 f., 83, 100 f.
Ermessen des Gesetzgebers 41 ff.
EWG 29, (66), 87 F. 125, 101
Exemtion des Gesetzgebers 55, 79

Folgenbeseitigungslast 84
Freiheit 64
Freizügigkeit 87

Gemeinden 18 F. 26
Gemeinwohl 32
Gerechtigkeit 52 ff., 68
— sminimum 52, 54
Gesellschaftspolitische Grundziele 33
Gesetzesgläubigkeit 55
Gesetzesinflation 75 ff.
— positivismus 34 F. 2, 55 F. 7
Gesetzgebungsstaat 14

Gewaltenteilungsprinzip 57
Gießkannenprinzip 46
Gleichbehandlungsgrundsatz 62, 92
Gleichheitsprüfung 35 ff.
Gleichheitssatz, praktische Bedeutung 13
Grundsätze der Wirtschaftspolitik 24
Gruppendifferenzierung (35), 61 f.

Haushaltsrecht 86

in dubio pro lege 56
Informatik, juristische (EDV) 28 F. 36, 68
Interdependenz 29
Interessenjurisprudenz 77
Internierung 70 f.
Investitionshilfe-Urteil 43 F. 67, 91
Inzidenzproblem 81
iustitia distributiva 52 F. 143

judicial self-restraint 103
Judikative 79
Justiziabilität des Gleichheitssatzes 56 ff.

Kompatibilität 25 f.
Konkordanz, Prinzip der praktischen — 99
Konservativismus (50), 99
Konsistenz 25, (29)
Krisenhilfe 20 F. 51, 93

Landesgesetzgeber 101
Leistungsgesetzgebung 47, 73, 75

Magische Vielecke 29 ff.
Maßnahmegesetz 42, 51, 53, 76, 90
Mittelstandsförderung (28), 29 F. 41, 93
Mobilität 83, 88

Natur der Sache 48 ff.

Sachregister

Naturrecht 48, 59
Normativität des Faktischen 49
Normzweck 50 f.

Objektivität 27
Ökonometrie (28), 85

Politisierung der Justiz 57
Prüfungsrecht, richterliches 56 ff.

Rechtsbewußtsein, allgemeines 53 f.
Rechtsgrundsatz 59, 66
Rechtsnormenpyramide 66
Rechtsordnung, Maßstab der positiven — 65 ff.
Rechtsetzungsgleichheit 34, 56
Rechtssicherheit 53, 99
Rechtsstaatsprinzip (86), 88
Rechtstatsachenforschung 12 F. 9, 49 F. 112, (54)
Recht und Wirtschaft 11 ff.
Redistribution 22, (81)
Regionale Wirtschaftsförderung 19, 26, (83 F. 101), 87, (101)

Sachgerechtigkeit 47 ff.
Sachverständige 12, 44, 72
Selbstbindung des Gesetzgebers 97 ff.
Sozialisierung der Verluste 80, 93
Sozialpolitik 21 ff., (93)
Sozialstaatsprinzip 91 ff.
Stabilitätsgesetz 30, 97, 100
Steuervergünstigungen 20 f.
Subjektivität 27, 59 ff.
Subsidiaritätsprinzip 86
Subvention
— Definition 15 f.
— Eingriffscharakter 47, 74 f.
— Gesetze 17 ff.
— Gesetzmäßigkeitsprinzip 11
— indirekte S. 19 ff., 84
— ökonomische Bedenken 79 ff.

— Statistik 16 f.
Subventionsberichte 16
Subventionsgesetzgeber 45 ff.
Subventionsmentalität 80
Subventionsziel 18, 51, 90, 101
Systemgerechtigkeit 94 ff.

Übermaßverbot 88 ff.
Unterverfassungsrecht 68

Teilhabegebot 46, 92 F. 175
Topik 68
Transferzahlung 21, 23
Typisierung 41, 90

Verbände 77 ff.
Verfassungsauftrag 42, (92)
Verhältnismäßigkeitsprinzip 88 ff.
Vermögensbildung 22
Verteilungsgerechtigkeit 30
Vertrauensgrundsatz 97
Verwaltung 14, 18, (21), (42), 101
Volkswohlstand 31 ff.

Wertungsfrage 58
Werturteil 27
Wettbewerbsgleichheit 29 F. 41, 64 f., (74), (99)
Willkürverbot 38 ff.
Wirtschaftlichkeitsprinzip 90
Wirtschaftspolitik (12), (14), 16
Wirtschaftsrecht, öffentliches 11 f.
Wirtschaftsverfassungsrecht 11, 86
Wohlfahrtsökonomik 27
Wohnungssubventionen 23
Würde des Menschen 52 f.

Ziele der Wirtschaftspolitik 24 ff., 100 ff.
Zielhierarchie 25, 31
Zielkombination, optimale 28
Zielkonflikt 26, (31)

Printed by Libri Plureos GmbH
in Hamburg, Germany